自己理解力を
アップ!

自分のよさを引き出す

33のワーク

NPO法人えじそんくらぶ代表
高山恵子

合同出版

読者のみなさんへ

「自分のことはよく知ってる」とあなたは思っているかもしれません。でも自分自身が知らない自分が実はたくさんあるのです。

その知らない自分の中にたくさんのあなたの隠れた才能や可能性が生まれてくることもありますし、残念ながら後で大きなストレスやトラブルの種になるものもあるかもしれません。ですから、「自分のことがよくわかっていないという気づき」が実は1番大切なのです。

例えば、背中に石があたって、少し痛みを感じるくらいだったから、そのままにしておいたら、実は大きな内出血のあとがあるかもしれません。本人には自覚症状がないけど、体はダメージを受けていることがあるのです。

このような「自分が知らない自分の状態」に気がつくためにはどうしたらいいでしょう？鏡を使っていつもは見えない背中を自分で見ること、または誰かに教えてもらうことです。そしてその内出血のケアは自分では手が届かなくて1人ではできないということもありますね。そのときにこそ誰かに手伝ってもらう必要があるのです。これは目で見てわかる場合の自己理解とそのケアです。

では、あなたの心のダメージはどうでしょう。今はどこにも問題がなく、自分でもダメージに気がつかないまま、日常生活ができているかもしれません。そのときもしかしたら誰かが「疲れてるんじゃないの」とか、「何か嫌なことがあったの？」とか気がついて、声をかけてくれることがあるかもしれません。

心のダメージをそのまま写す鏡はありません。心のダメージを感じたとき、「今ちょっとつらいんだ」とか「なんかモヤモヤするんだよね」、「だるい、調子がわるい」と人に言わないと、周囲も気がつかずにダメージが大きくなってしまうことがあります。

自分のモヤモヤを感じる力を高め、それを誰かに伝えることは大切です。そのときに、話をじっくり聞いてくれる人がいると、いいですね。話せなくても、言葉にならないメッセージを受け取る力が強く、相手の気持ちや状況を正確にわかってくれる支援者がいたら、こんなに心強いことはありません。

いろいろな方法を知っていることと、実際にやることには、大きなギャップがあります。そのことは神経発達症、いわゆる発達障害の当事者である私が一番よく知っています。知識はいろいろあるのに日常で実行できないと悩んでいる方もいるでしょう。

そのときに大切なのは、「自分はダメだ」「どうせできない」と思わずに、うまくいく条件や方法を考えることです。あなたのありのままの姿を見つけ出し、持っている能力を開花させる条件をいろいろな方と一緒に探す教材として、この本をご活用いただければと思います。自己理解を深めることは、自分のトリセツ（取扱説明書）を作るような作業なのです。

私たちは人との出会いで大きく成長します。そして深くダメージを受けることもあるかもしれません。でも、そのダメージは必ず癒えます。

この本をきっかけに自己理解・他者理解が深まることを心から願っています。

●支援者の方へ

　自分を客観的に見るということは、思っているほど簡単なことではありません。古代の哲学者ソクラテスは、「無知の知」という言葉を唱え、「自分は自分のことをよくわかっていない」ということにまず気づくことが、「自分を知るための第一歩」と言っています。

　自分のことを客観的に見るということは、自分を別の視点から見るということです。鳥瞰する（「バーズアイ＝鳥の目で見る」）と言ったりしますが、上空のドローンのカメラから自分のことを観察しているイメージを持ってもらうとよいかもしれません。

　客観的に自分のことを見ることができるようになるためには、「メタ認知」という認知機能が正しく働く必要があります。

　メタ認知が十分働くといいのですが、そうでない人もいます。それでも大丈夫です！　別の人の視点でチェックしてもらうことでメタ認知の弱さをカバーすることができます。

　この本のチェックリストは自分で自分のことをチェックするだけでなく、別の人の視点からもチェックして、その両方を比較することで、より客観的に自分を理解するためのツールとしてつくりました。必要に応じて別の人のチェックと比べ、どうしてそういうチェックになったのかを考えていくことで、メタ認知を高めるヒントも得られます。

　支援者にとっても、相手を十分理解していると思っていても、実はあまりわかっていないことに気づかれるかもしれません。その気づきが支援の仕方に大きな変化をもたらします。

　この本は、自己理解を深めるツールとして、アメリカのラスク研究所の高次脳機能障害のリハビリテーションのモデルである「神経心理ピラミッド」（6ページ参照）を採用しています。発達障害には先天性の認知機能障害があり、高次脳機能障害や認知症は後天性です。認知機能障害ということでは同じですから、発達障害にも認知症にも、この高次脳機能障害のモデルを使うことができると考えています。

　この本のチェックリストをいろいろなケースで活用していただくと、まさに「神経発達は多様である」ことに気がつくでしょう。

　支援者に大切なことは、「本人にはがんばってもできないことがある」という事実を確認し、できないことに対して評価を入れず、うまくいく条件を探しサポートすることだと思います。認知機能に障害があっても、その人らしく人生の質を高めるという目標を実現したいものです。

　支援者が、当事者本人には見えていない部分に光を当てることで、セルフエスティームを高めることができます。ぜひこの本を活用して、一人でも多くの方がQOL（人生の質）を高めてくださることを期待しています。

高山恵子

もくじ

③ 応用　解説&ワークシート

④ 解説

この本の使い方

神経心理ピラミッドとは

　神経心理ピラミッドは、ニューヨーク大学ラスク研究所が開発したケガや事故などで後天的に脳の一部が損傷し高次脳機能障害になった人へのリハビリテーションのモデルです。もともとは成人用のモデルですが、成人以外でも基本的に活用できると考えられています。

　私たちは皆完璧ではありません。認知機能も個性があり、神経多様性、発達多様性があるのです。ですから、高次脳機能障害がなくても、何か実力が出せないと悩んでいる人にも神経心理ピラミッドが支援に役立つでしょう。

　名前の通り、このモデルはピラミッド状になっています。これらの機能には階層があり、下の部分が基礎的な機能で、上に行けば行くほど高次の機能になります。1番下の機能に課題があると、2番目以降の機能にも影響を与えるということを示しています。

　支援の現場では、能力がありながら急に成績が下がったり、逆に、今までいろいろできないと思っていたのに急に伸びたりといったことが起きます。

　例えば、テストで好成績を取っていた生徒がゲーム依存になり、睡眠時間が十分でなくなった途端に、自己コントロールが効かず怒りっぽくなったり、集中力が下がってテストの点も下がるということがありました。一方、感覚過敏があり、大きな音にかなりの不快感があった生徒に「授業中も耳栓やイヤーマフをつけてOK」という支援をしたら、集中力が高まり、記憶力もよくなり、論理的な思考もできるようになって成績が上がった人もいました。

　これらのことは偶然ではありません。神経心理ピラミッドの下位の部分を整えることで、もともとあったより高次の認知機能を活用できるようになったということです。逆にいえば能力があっても、ゲーム依存などで下位の部分がおろそかになってしまうと、それまで発揮できていたはずの能力も発揮できなくなることがわかります。

　この本では、神経心理ピラミッドの各項目の内容をチェックして、自己理解を深められるようになっています。

　まずは7、8ページのチェックリストをつけてみましょう。苦手な項目が見つかったら、さらに第1章の詳しいチェックリストをつけ、第2章の解説を読んでワークをやってみましょう。

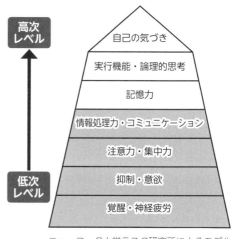

■神経心理ピラミッド（一部改変）

ニューヨーク大学ラスク研究所によるモデル

神経心理ピラミッド・チェックリスト

❶ 覚醒 --------➤ **21 ページ**

☐寝不足な日が週の半分くらいある

☐作業の途中で眠くなってしまうことがある

☐話を聞いていると眠くなることがある

☐授業中など、ぼーっとしていることがある

☐しっかり起きていることが難しい

❷ 神経疲労 ---------➤ **22 ページ**

☐音や光など、周囲の刺激で疲れてしまう

☐人が多い場所で過ごすと疲れてしまう

☐テストやイベントなど、完璧にできているか不安になる

☐対人関係で心配なことがある

☐作業していると疲れやすい

❸ 抑制・意欲 ---------➤ **23 ページ**

☐やりたいと思うとその衝動を抑えることが難しい

☐じっとしているのが難しい

☐感情が溢れ出て、コントロールするのが難しい

☐やりたいことを我慢するのが難しい

☐やろうと思っても、なかなか行動に移すのが難しい

❹ 注意力・集中力 ---------➤ **25 ページ**

☐1つのことに集中するのが難しい

☐1つのことに熱中すると、他のことを考えられない

☐周囲がうるさかったり、刺激があると集中できない

☐最後までやり通すことが難しい

☐2つのことを同時にやることが難しい

❺ 情報処理 ---------➤ **27 ページ**

☐話や文章の内容を理解するのに時間がかかる

☐瞬時に返答することが難しい

☐視覚的な情報だと理解できるが、聴覚的な情報だと理解できないことが多い（もしくはその逆）

☐考えをうまくまとめられないことがよくある

☐知らない所に行くとき、地図を見るより道順を1つ1つ聞かないとわからない（もしくは道順を1つ1つ聞くより、地図で全体を把握しないとわからない）

❻ コミュニケーション ━━━━━━━⟶ **29 ページ**

　□相手の言葉や表情を勘違いすることが多い

　□会話の中で相手から言われたことがわからないことがある

　□相手や場に合わせて会話をすることが難しい

　□発音がはっきりせず、なめらかに話すのが難しい

　□会話がまとまらなくなったり、回りくどくなったり、話が飛んだり、とりとめ
　　なく話したりする

❼ 記憶 ━━━━━⟶ **31 ページ**

　□指示されたことを忘れてしまう

　□やるべきことを忘れてしまう

　□人の名前や容姿の特徴などが思い出せない

　□暗記が苦手だ

　□以前体験したことが思い出せないことがある

❽ 実行機能 ━━━━━⟶ **32 ページ**

　□計画を立ててその通りやることが苦手だ

　□優先順位がなかなか決められない

　□熱中していると、なかなか切り替えることが難しい

　□期日までに何かを完了させることが難しい

　□モノや情報の整理ができない

❾ 論理的思考 ━━━━━⟶ **34 ページ**

　□トラブルがあったとき、うまく対処できない

　□思い込みで判断することがよくある

　□事実確認が不足していることがある

　□いろいろなことの原因と結果の関係がわからない

　□失敗したとき、次にどうしたらいいかを考えることが難しい

❿ 自己の気づきと理解 ━━━━━⟶ **35 ページ**

　□自分の得意なところをよく知らない

　□自分の苦手なところをよく知らない

　□ストレス状態になったとき、気づくことができない

　□自分に合った勉強法がよくわからない

　□自分のことを客観的に見ることが難しい

「ジョハリの窓」 ◎自己分析や自己理解に使用する心理学モデル

　この本の目的は、本人が自己理解を深め、支援者がその自己理解を深める支援ができるようにお手伝いをすることです。ジョハリの窓（Johari Window）という、自己分析や自己理解に使用する心理学モデルがあります。下の図のように、自分自身が見た自分と、他者から見た自分の情報を分析し、4つに区分して自己理解を深めるというものです。

　私たちが自分の能力を開花させ成長していくためには、まず自分を知ることが大切です。

　この本では、ジョハリの窓の理論をベースに、自己分析と他者分析のギャップを考察し、自己理解を深めていきます。まず自分も知らない一面があるということを知り、他者の評価を聞いて自分を知るための参考にする習慣をつけましょう。

　その上で、苦手なことがあっても、自分で工夫してうまくいく方法を考えたり、どうしてもうまくいかないときに、SOSを求めるスキルを学びましょう。

■ジョハリの窓

	自分が	
	知っている私	知らない私
知っている私（他人が）	❶自分も他人も知っている性質 （開放） （例）自分の長所や欠点などを自分でも理解して受け入れ、周囲も知っている状態のとき	❸自分は気づいていないが他人は知っている性質 （盲点） （例）自分は一生懸命集中しているつもりで気がそれていることに気づかないが、周囲の人は気がそれていることに気づいている状態のとき
知らない私（他人が）	❷他人は知らないが自分は知っている性質 （秘密） （例）本人は嫌な感覚があってかなり我慢しているが、嫌だと言わないので周囲の人はわからない状態のとき	❹自分も他人も知らない性質 （未知） （例）子どもも親も何で集中できないか、何で漢字が覚えられないかわからない状態のとき

4つの章の内容について

　第1章では、ラスクの「神経心理ピラミッド」（6ページ参照）の項目に沿ってチェックリストをつけます。自分と支援者がチェックするスペースがあります。

　第2章では、自分がチェックした苦手なところや、支援者の評価とギャップのあるところがわかったら、具体的にどうすればいいか、確認していきましょう。ここでは様々なワークで、苦手な力を伸ばせるようにしています。自分なりに工夫してがんばれることとともに、何を手伝ってもらうと何ができるか、人にお願いすることなども考えてみましょう。

　第3章では、どんなときにうまくいくか「自分のトリセツ（取扱説明書）」を作りましょう。がんばってもできないときは上手にサポートをお願いするスキルが大切です。このスキル（セルフアドボカシースキル）についても学びましょう。

　障害など、自分に何か苦手なことがある場合、そのことを相手に理解してもらい、「△△をしてもらえると○○ができます」と伝えることで、配慮や支援をお願いすることができる仕組みができました。これが、特別支援教育でよく聞くようになった「合理的配慮」です。

　第4章では、大切な項目の詳しい解説です。特に支援者の方々には、この本の内容の背景になっている理論を理解していただくと、より具体的な支援が可能になります。

●支援者のみなさんへ

　臨床場面で障害のある人にチェックリストをつけてもらうと、支援者から見た実情とまったく違うチェックになることが多々あります。この相違こそが、障害の傾向も含めた自己理解を深める支援のチャンスなのです。

　特に自分ができていると思っていることを親や支援者ができていないと評価した場合、本人がその事実を受け入れるのはとても難しいものです。怒りをあらわにしたり、チェックをすること自体も嫌になることもあるかもしれません。大切なのは、本人と支援者の信頼関係です。「○○ができていなくてダメだ」といった否定的な言葉は避け、例えば「学校の成績をあげたい」「高校や大学に行きたい」という具体的な目標を本人と設定し、一緒にその目標に向かって何をしたらいいか考えるきっかけにしてもらえればと思います。

　自分はできていると過大評価して、実はできていないことに気がつかないと、アドバイスを受け入れられず、失敗したときに大きなショックを受けます。逆に、自分を過小評価している人はほめられてもうれしいと思えなかったりチャレンジ精神を失いがちです。

　どちらであっても、それぞれプラスとマイナスがありますので、絶対にどちらがいい・悪いということはありません。率直に評価して、現状を客観的に確認しましょう。こだわりがあり、現状に比べて目標を高くしすぎている人もいますので注意しましょう。

■自己評価＞他者評価　自己評価＜他者評価

	自己評価＞他者評価 （自分を過大評価しやすいタイプ）	自己評価＜他者評価 （自分を過小評価しやすいタイプ）
メリット	楽観的で自分に自信がある いろいろなことを自分でやりたいと思える	傲慢（ごうまん）な態度を取らない 自分のダメなところを受け入れられる
デメリット	人からアドバイスされると邪魔されたと感じやすい 自分ができていないところに気づきにくい	自信を失いやすい 失敗を恐れて行動したくなくなる
大切な視点	NGと言われたのは自分の存在でなく、自分の言動であると分けて考える 人からのアドバイスをありがたく思い、感謝を伝える	ほめられたら素直に喜んでみる 目標が高すぎないかをチェックする

　「評価は人によって変わる」「評価は状況によっても変わる」というのも大切なポイントです。支援者にもバイアスがかかる（見方がゆがむ）ことがありますので、いろいろな人に評価してもらうことが大切です。

　支援者の基準が厳しく、本人があまりできてないというマイナスの印象を持っていると、評価は実際よりも低くなります。逆に支援者の基準が緩やかで、よくできているというプラスの印象を持っていると、評価は実際より高くなることがあるでしょう。場合によっては、支援者同士の評価のギャップがどこから来ているかを分析することも大切です。

　本人は同じ行動をしていても、状況によって評価が異なることがあります。例えば、クラスの担任の先生は「いつもルールを守れて素晴らしい」と評価する一方、クラブの顧問の先生は「臨機応変に動いてくれないので困る」と評価する、などです。これはそのときによって、求められる行動が違うことによるものです。

　つまり、支援者の評価もすべてにおいて正しいわけではないかもしれません。大切なのは、自分の意見や人の意見を参考に、どうしてこういうチェックになるのだろうかと考えることです。

ウォーミングアップ① 自分の得意なこと、よいところを見つけよう

　自分を理解するポイントで一番大切なことは、自分の強み、よいところ、得意なこと、好きなことを見つけることです。「自分にはよいところなんてない」と思ってしまう人もいるかもしれませんが、得意なことは簡単にできるので、意外と気づかないことがあります。それを他の人から教えてもらいましょう。

　私たちは、得意なこと、好きなことをやるときにはやる気スイッチがすぐに入ります。ですから、好きなことは得意なことにつながることが多いのです。反対に、苦手なことや、あまり好きではないことをやるときにはやる気スイッチが入りにくいため、工夫が必要です。

　まずは、あなたのよいところ探しを始めてみましょう。

❶の欄に、自分の強み・よいところ・得意なことを書いてみましょう。

❷の欄に、自分の好きなことを書いてみましょう。

❸の欄には、親や先生、友だちに、あなたの強み・よいところを書いてもらいましょう。

　あなたが気づいていなくて、周りの人が知っている、あなたの強みやよいところを見つけられるかもしれません。

　自分の知っている自分と周りの人から見たあなたは、同じこともあるし、違うこともあります。その違いを知って、感想を書いてみましょう。絵で描いても OK です。

自分が知っている自分	自分が知らなくて人が知っている自分
❶自分の強みを書きましょう 【例】まじめ	❸自分のことを知っている第三者に 　自分のよいところを書いてもらいましょう 【例】作業がていねい 　　　じっくり考えて行動する
❷自分の好きなことを書きましょう 【例】昆虫の観察	

やってみた感想を書いてみましょう。

【例】自分ではときどき時間をかけすぎているかなと思うときがあるけど、作業がていねいとか、 　　　じっくり考えて行動するということなんだとわかってうれしい

　「自分が嫌な性格」と思っているものが、実は強みになるということもあります！　私は悪い性格というのは１つもないと考えています。例えば、「自分は神経質でダメ」と思っている人がいるかもしれません。でもそれは、時と場合とレベルによっては、「細かいところに気がつく」「思慮深い」という強みになりませんか？

　自分のマイナスイメージをプラスに変えると、きっとよいところが見えてくるでしょう。

❶自分が欠点だと思っている性格を、まずは２つ思い浮かべてみましょう。

❷親や先生、友だちに、その性格をプラスになるように変えてもらいましょう。

❸❶と❷を比較して、プラスになった自分の性格をどう感じますか？

　どうしてもプラスには思えないという人もいるかもしれません。そういうときはその思いを書いてみたり、どうしてプラスに思うのか、相手に詳しく説明してもらいましょう。だんだんと自分でもプラスに考えることができるようになるでしょう。

　それでもどうしても難しく、自分にはやっぱりプラスには思えないと感じることもあるかもしれません。そんな場合は、まずは自分の性格をプラスに考えてくれる人がいるということを知っておくといいですね。

　ネガティブな性格をポジティブな性格に変換するリストも参考にしてみてください。ペアワークや４人グループで、お互いの性格をプラスに変換すると楽しい時間になります。相手のよいところ探しができて、見方を変えたり、プラスの考え方に変える練習にもなります。

落ち着きがない　　　　　　　　　　　　　興味がたくさん

■プラスの視点で強みに変えよう

　13ページで解説したワークを実際にやってみましょう。弱みだったと思うところが強みに変わればあなたの気分は大きく変わります。

マイナス	プラス
【例】 　私は　せっかち　です	【例】 　あなたは　すばやい　です 　　　　　　行動力がある 　　　　　　機敏 　　　　　　てきぱきしている
 　私は＿＿＿＿＿＿＿＿です	 　あなたは＿＿＿＿＿＿＿＿です
 　私は＿＿＿＿＿＿＿＿です	 　あなたは＿＿＿＿＿＿＿＿です

やってみた感想を書いてみましょう。

以下のリストは、実際の講座で参加者の方々が作ったリストです。

皆さんも参考にして、自分の性格をポジティブに変えてみましょう。ダメな性格というものは、何一つありません。見方を変えれば全て長所になります。

■性格ネガティブ→ポジティブ変換リスト

ネガティブ		ポジティブ
私は**怒りん坊**です	➡	改善点によく気がつく、自分の気持ちを素直に出せる
私は**せっかち**です	➡	手際がよい、スピーディ、すばやい
私は**落ち着きがない**です	➡	エネルギッシュ、活動的、元気、パワフル、興味がたくさんある
私は**心配症**です	➡	ゆっくりじっくり考える、慎重、危ないことをしない
子どもは**マイペース**です	➡	動じない、自分の好きなことがある、ゆるぎない、意志が強い
子どもは**行動が遅い**です	➡	慎重派、ていねい
子どもは**初めてのことを嫌がります**	➡	慎重、危ないことをしない

ウォーミングアップ③ 自分の嫌なことを相手にわかってもらおう

あなただけが知っていて、相手が知らないあなたの特徴は、きちんと相手に伝えないとわかってもらえません。

感覚や考え方は、人によって違います。嫌なことは人によって違うので、不快であるということを相手に伝えないと、あなたが不快かどうかは相手にはわかりません。あなたはもしかしたら、いじめられた、意地悪されたと感じるかもしれませんが、相手はあなたが嫌がっていると思わず、やめないかもしれません。

「不快である」ということを、どなったり、相手を責めたりせずに、シンプルに伝えてみませんか？　いきなり「やめろ！」と怒鳴るのではなく、「○○されるの、ほんとは嫌なんだ」とさりげなく言う感じです。

それがとても難しいと感じる場合は、誰かに相談して伝え方を教えてもらいましょう（セルフアドボカシー参照＝119ページ）。

次のページの「NGリスト」で、自分が嫌だなと感じたり、苦手と感じるものがあれば○をつけてみましょう。他にもあれば、具体的な内容を書きだして、周囲の人にわかってもらいましょう。嫌な気分が続くと、つい怒鳴ったりパニックになったりします。それを避けるためにも、嫌なことはまず伝える練習をしてみましょう。

NG リスト

感覚的なこと

☐急に近づかれる・触られるのが嫌

☐うるさい音が苦手（具体的には：　　　　　　　　　　　　　　　　　　　　）

☐嫌いな肌触りの洋服がある（具体的には：　　　　　　　　　　　　　　　　）

☐舌触りが嫌で食べたくないものがある（具体的には：　　　　　　　　　　　）

☐香水などにおいが嫌いなものがある（具体的には：　　　　　　　　　　　　）

☐その他

言われたくない言葉

☐ちびとかデブとか容姿に関する言葉

☐バカにされたと感じる言葉（具体的には：　　　　　　　　　　　　　　　　）

☐否定されたと感じる言葉（具体的には：　　　　　　　　　　　　　　　　　）

☐傷つく言葉（具体的には：　　　　　　　　　　　　　　　　　　　　　　　）

☐せかされる言葉（具体的には：　　　　　　　　　　　　　　　　　　　　　）

☐その他

上記のことを相手にわかってもらうために、どうしたらいいか考えてみましょう。

❶学校や職場で状況に合わせて嫌なことを自分の言葉で伝える

❷ NG リストの中からいくつか選んで相手に見てもらう

❸自分の代わりに親から先生など支援者に、または、支援者から親に説明してもらう

これがいやなんだけど
どうしたらいい？

考えてみるね

最終的には❶ができるように、まず家庭で練習してみましょう。
伝え方については、セルフアドボカシーのところで再度学びますので、
そちらも確認してください。

1 自分のことをもっとよく知ろう

チェックリスト

自分を知るために比べよう

　自分をより正確に知るためには、何かと比較する必要があります。ここでは、自己理解を深めるための３つの比べ方をご紹介します。

　ここでの説明を踏まえて、21 ページから実際に「ラスクの神経心理ピラミッド」の質問項目に沿って、自分自身について理解を深めていきましょう。

◼ 自己チェックと他者チェックを比べる方法

　まず自己チェックをし、次に自分のことを知っている人に「自分がどう見えているか」をチェックしてもらうやり方です。

　その差を分析することによって、いろいろな自分が見えてきます。ジョハリの窓の「自分が知らなくて、他人が知っている」側面が見つかることもあるでしょう。

　まだ気づいていない強みを見つけたいとか、逆にまだ気づいていない改善点を知りたいという方は、このような比較をしてみるとよいでしょう。

　それぞれ、質問に対して Yes のときは「5」、No のときは「1」の５段階でつけてみましょう。

1）親子チェック1　子どもと母親

【例】　記憶	① 自己チェック	② (母親)	ギャップ ①－②		
やるべきことを忘れてしまう	2	5	－3		

…できないと思われている

⟶ 結果を見て、どう感じましたか？

> 母親の感想：自分ではできていると思っていてびっくりした。
> 　　　　　　これでは何度も注意すると本人がイライラするだろうなと思った。

2）親子チェック2　子どもと両親

【例】　覚醒	① 自己チェック	② (母親)	ギャップ ①－②	③ (父親)	ギャップ ①－③
会話のときなど、ぼーっとしていることがある	3	5	－2	2	1

…できないと思われている

→ 結果を見て、どう感じましたか？

> 母親の感想：日常的に指示が入らないと感じているけど、父親とはあまり話すことがない分、しっかり聞いているのかもしれない。
>
> 本人の感想：母からは話を聞いていないと思われていて、父からは聞いているという評価でこんなに差があるのかと自分でもびっくりした。母は口うるさいと感じていて、母の言っていることが雑音化しているのかもしれない。

② A さんと B さんが自分でチェックしたものを比べる方法

まず、A さん・B さんがそれぞれ同じチェックリストに「自分自身のこと」をチェックします。そして、それを比べるやり方です。

このように、自分の身近な人にも自己チェックをしてもらうことで、お互いの得意・不得意を比べることができます。今まで気づいていなかったお互いの違いから生じるトラブルの原因が見えてくることがあるでしょう。

1）きょうだいとのチェック

【例】　神経疲労	① 自己チェック	② (姉) 自身の自己チェック	ギャップ ①－②
苦手な作業に集中しようとすると疲れやすい	3	1	2

…特性に差がある

→ 結果を見て、どう感じましたか？

> 母親の感想：家のお手伝いなどをすると本人は疲れやすく、姉からなまけていると言われてよくケンカになり、本人は自信をなくしているのかもしれない。

2）友人、もしくはパートナーとのチェック

【例】　実行機能	① 自己チェック	② (パートナー) 自身の自己チェック	ギャップ ①－②
時間通りに何かをすることが難しい	4	1	3

…特性に差がある

→ 結果を見て、どう感じましたか？

> 本人の感想：パートナーが時間に几帳面で、自分がルーズなところがあるのでイライラさせていたことがわかった。気をつけたい。

❸ 時間をおいて再度チェックして、変化を比べる方法

同じチェックリストに、時間をおいて再度チェックしてみるやり方です。

私たちは適切な方法で努力をすれば、少しずつ成長することができます。このように、過去の自分と比べることで、自分の成長を確認することができるでしょう。

また、応用編として、例えば薬を飲んでいる人は「薬を飲んでいるときの自分」と「薬を飲んでいないときの自分」を比べてみるといったやり方もできます。

1）本人の成長チェック

【例】　情報処理	① (現在の)自己チェック	② (1か月後の自分)の自己チェック	ギャップ ①－②	③ (2か月後の自分)の自己チェック	ギャップ ①－③
音読が苦手	5	4	1	2	3

…成長している

→ 結果を見て、どう感じましたか？

本人の感想：練習をしたら少しずつ音読がスムーズにできるようになってうれしい。

2）薬のチェック

【例】　抑制・意欲	① 薬をのんでいないときの自己チェック	② 薬をのんでいるときの自己チェック	ギャップ ①－②
じっとしているのが難しい	5	3	2

…薬の効果がある

→ 結果を見て、どう感じましたか？

本人の感想：薬がきいているのを実感できた。自信がついたし、やる気が出てきた。

次のページから 36 ページまで、神経心理ピラミッドの質問項目をご用意しました。ここに書かれていないやり方でも OK ですので、いろいろな比べ方をして、ご自身についての理解を深めてみてください。

1 覚 醒

質問項目が Yes のときは「5」、No のときは「1」の5段階でつけてみましょう。

😊 睡眠

	①自己チェック	②（　　　　）	ギャップ①−②	③（　　　　）	ギャップ①−③
寝てはいるが、頭がすっきりしないことがある					
朝起きるのがつらい					
夜なかなか寝つけない					
夜中によく目が覚めることがある					
睡眠時間が不規則だ					

感想：

😊 覚醒

	①自己チェック	②（　　　　）	ギャップ①−②	③（　　　　）	ギャップ①−③
作業の途中で眠くなることがある					
会話のときなど、ぼーっとしていることがある					
興味のない作業だと眠くなることがある					
しっかり姿勢を正して座っていることが難しい					
話を聞いていると、眠くなることがある					

感想：

2 神経疲労

肉体疲労

	①自己チェック	②（ ）	ギャップ①－②	③（ ）	ギャップ①－③
運動をすると疲れることがよくある					
長い距離を歩くことができない					
長時間同じ作業をすると体が重くなる					
運動した後、筋肉痛になりやすい					
体の疲れがとれにくい					

感想：

神経疲労

	①自己チェック	②（ ）	ギャップ①－②	③（ ）	ギャップ①－③
対人関係で心配なことがある					
スマホやテレビ、液晶画面を見すぎて目が疲れやすい					
SNSを見ていると落ち着かなくなったりイライラしやすい					
テストやイベントなど、完璧にできているか不安になる					
苦手な作業に集中しようとすると疲れやすい					

感想：

👋 感覚過敏

	①自己チェック	②(　　　　　)	ギャップ①－②	③(　　　　　)	ギャップ①－③
洋服についているタグが気になる					
音や光など、周囲の刺激で疲れてしまう					
芳香剤などのにおいが苦手だ					
においや食感が気になり偏食が多い					
急に声がけされたり、肩をたたかれるのが嫌だ					

感想：

---

3 抑制・意欲

🍄 感情のコントロール

	①自己チェック	②(　　　　　)	ギャップ①－②	③(　　　　　)	ギャップ①－③
嫌なことがあるとそのことばかり考えてしまう					
感情があふれ出してコントロールするのが難しい					
不安などのプレッシャーの中でやるべきことがきちんとできない					
何かを我慢することが難しい					
怒りをコントロールすることが難しい					

感想：

🐙 行動のコントロール

	①自己チェック	②（　　　　　）	ギャップ①-②	③（　　　　　）	ギャップ①-③
やりたいと思うとその衝動を止めることが難しい					
じっとしているのが難しい					
声のボリュームを適切にコントロールできない					
会話中1人でずっとしゃべり過ぎてしまう					
行動を適切にコントロールできない					

感想：

🐒 意欲

	①自己チェック	②（　　　　　）	ギャップ①-②	③（　　　　　）	ギャップ①-③
やりたくても体が動かないことがある					
やらなければいけないことを先延ばしにしてしまう					
やろうと思ってもなかなか行動に移すのが難しい					
自分から進んで困難なことをやることが難しい					
荷が重く感じて、やるべきことができないことがある					

感想：

4 注意力・集中力

😈 選択性注意

	①自己チェック	②（　　　　）	ギャップ①−②	③（　　　　）	ギャップ①−③
人の話を聞いていないことがある					
やるべきことから気がそれて、別のことをやってしまうことがある					
やろうと思っていたことと違うことをやっていることがある					
周りが騒がしいと、音に気をとられて会話に集中できない					
周りに刺激が多いと、やるべきことに集中できない					

感想：

😈 転換性注意

	①自己チェック	②（　　　　）	ギャップ①−②	③（　　　　）	ギャップ①−③
急にやめなさいと言われてもやめられない					
自分が納得いくところまでやりたい					
何かに夢中になりすぎて、人の話が聞こえないことがある					
切り替えが難しい					
大失敗したらと気になって、他のことが手につかない					

感想：

持続性注意

	①自己チェック	②（ ）	ギャップ①−②	③（ ）	ギャップ①−③
長時間同じことをするのが難しい					
単純作業を継続するのが難しい					
作業が最後まで終わらないことが多い					
集中力が途切れやすい					
作業の途中で疲れてやめてしまう					

感想：

配分性注意

	①自己チェック	②（ ）	ギャップ①−②	③（ ）	ギャップ①−③
テレビを見ながら食事をすると食事の時間が長くなる					
電話をしながらメモを取るのが難しい					
相手の気持ちを考えながら会話するのが難しい					
時間を考えながら作業するのが難しい					
バスや電車で、スマホや本に集中して降りるのを忘れてしまうことがある					

感想：

5 情報処理

継次処理

	①自己チェック	②（　　　）	ギャップ①−②	③（　　　）	ギャップ①−③
目次など書きたい項目を作ってから文章を書く					
手順を見て順序通りに作業するのが得意だ					
本は最初から順序よく読む					
順序よく手順がはっきりしている指示が好きだ					
時系列など、順序立てて話をするほうだ					

感想：

同時処理

	①自己チェック	②（　　　）	ギャップ①−②	③（　　　）	ギャップ①−③
直感的にいろいろアイデアを出す					
本は興味のあるところから読む					
単語を暗記するとき、例文にするとイメージがわいて覚えやすい					
話が時系列ではなく、よく飛ぶと言われる					
全体的な関連性を見出すことが得意だ					

感想：

視覚型

	①自己チェック	② ( )	ギャップ①−②	③ ( )	ギャップ①−③
単語や漢字は何回も書いて覚える					
講義や会議中のメモをきっちり取るほうだ					
相手の外見(顔、ヘアスタイル、持ち物、洋服など)を記憶しているほうだ					
文章で書かれたマニュアルがあると安心する					
本を読むことは好きなほうだ					
静かなところで勉強するほうがはかどる					

感想：

聴覚型

	①自己チェック	② ( )	ギャップ①−②	③ ( )	ギャップ①−③
本よりセミナーなどに参加したほうが、理解が進む					
相手の外見より話した内容を記憶している					
説明書を読むより人に聞いたほうが PC などの操作を覚えられる					
どちらかというとメールより電話が好きだ					
暗記するときは、書くより声に出して繰り返すほうだ					
音読したほうが、理解が進む					

感想：

	①自己チェック	②（　　　　）	ギャップ①−②	③（　　　　）	ギャップ①−③
新しく買った家電などは説明書を見ずに実際に使ってみる					
勉強などは体を動かしながらするほうがはかどる					
音楽を聞きながら勉強などをすると集中できる					
まずは自分で実際にやってみる、体験重視のタイプだ					
音楽を聞くと自然に体が動く感じになる					
寝転びながら勉強したほうがはかどる					

感想：

6 コミュニケーション

アウトプット

	①自己チェック	②（　　　　）	ギャップ①−②	③（　　　　）	ギャップ①−③
会話がまとまらなくなることが多い					
なめらかに話すのが難しい					
話が飛んだり、とりとめなく話したりする					
スムーズに話すことが難しい					
不明瞭な発音になることが多い					

感想：

❓ 相手の言ったことや相手が置かれている状況がわからない

	①自己チェック	②(　　　　　)	ギャップ①−②	③(　　　　　)	ギャップ①−③
会話の中で相手から言われたことがわからないことがある					
相手や場に合わせて会話をすることが難しい					
相手の言葉を言葉通りに受け取ってしまいやすい					
相手の本音と建前がわからない					
冗談や皮肉がわかりにくい					

感想：

A→B 相手の言ったことを勘違いしやすい

	①自己チェック	②(　　　　　)	ギャップ①−②	③(　　　　　)	ギャップ①−③
相手の言葉を勘違いすることが多い					
相手のしぐさや表情を勘違いすることが多い					
相手の話の断片だけを聞いて勘違いすることがある					
相手の言葉を間違って解釈して勘違いすることがある					
一度言われただけのことでも、すべて（毎回）そうだと思い込むことがある					

感想：

7 記 憶

😊 作業記憶（ワーキングメモリ）

	①自己チェック	②（　　　）	ギャップ①-②	③（　　　）	ギャップ①-③
忘れ物が多い					
やるべきことを忘れてしまう					
授業中、ノートを取りながら先生の話を理解することが難しい					
暗算が苦手だ					
会話中、人の話を聞いている間に自分が話そうと思っていた内容を忘れてしまう					

感想：

😊 長期記憶

	①自己チェック	②（　　　）	ギャップ①-②	③（　　　）	ギャップ①-③
暗記ものの科目やテストが苦手だ					
人の名前が思い出せないことがある					
以前体験したことが思い出せないことがある					
ダンスなどの動きを覚えるのが難しい					
漢字や英単語を覚えるのが難しい					

感想：

8 実行機能

🔑 やる気スイッチ

	①自己チェック	② ( )	ギャップ①ー②	③ ( )	ギャップ①ー③
何をやるのかわからずやる気がなくなる					
難しすぎてやりたくなくなる					
何から始めていいかわからなくてやる気になれない					
やることが多すぎてやる気になれない					
やりたくても必要なものが見つからずやる気がなくなる					

感想：

✏️ プランニング

	①自己チェック	② ( )	ギャップ①ー②	③ ( )	ギャップ①ー③
優先順位を決めるのが苦手だ					
実現不可能な計画を立てがちだ					
時間配分が悪くて提出日などに遅れることがある					
段取りが悪い					
自分ではできると思ったのにできないことが多い					

感想：

目的ある行動

	①自己チェック	②( )	ギャップ①−②	③( )	ギャップ①−③
計画はよくても最後まで実行できないことがある					
時間通りに何かをすることが難しい					
気がそれて途中でやることを忘れ、最後までできないことがある					
目的に関係のないことに集中しすぎてやめられないことがある					
最後までやらずにやめてしまう					

感想:

効果的な行動

	①自己チェック	②( )	ギャップ①−②	③( )	ギャップ①−③
ダラダラしてなかなか作業が進まない					
休憩が多い、長くなる					
気がそれたことに気がつかないことがある					
効率的でないやり方でやってしまう					
物事が計画通りにいかなかったときに修正できない					

感想:

9 論理的思考

✕ 問題解決力

	①自己チェック	②（　　　　　）	ギャップ①−②	③（　　　　　）	ギャップ①−③
いろいろな選択肢の中からベストなものを選ぶのが難しい					
困ったときにどうしていいかわからない					
トラブルがあったとき、うまく対処できない					
事実確認せず思い込みでやって失敗することが多い					
成功するためのアイデアを出すのが難しい					

感想：

因果関係

	①自己チェック	②（　　　　　）	ギャップ①−②	③（　　　　　）	ギャップ①−③
いろいろなことの原因と結果の関係がわからない					
将来やりたいことのために今何をすべきかわからない					
失敗した原因がわからず、同じ失敗を繰り返してしまう					
対人関係をよくするためにどうしたらいいかわからない					
失敗しそうだなと思っても予防することが難しい					

感想：

自己の気づきと理解

セルフモニタリング力

	①自己チェック	②（　　　　　）	ギャップ①ー②	③（　　　　　）	ギャップ①ー③
自分の長所・短所がわかっていない					
他人と自分の言動・行動を比較検討できない					
ストレスがあるとき、自分で気づけない					
相手の話を正確に理解しているか、自信がない					
勉強や仕事をしている途中、ときどき進捗状況をチェックしない					

感想：

自分に合った問題解決力

	①自己チェック	②（　　　　　）	ギャップ①ー②	③（　　　　　）	ギャップ①ー③
ミスが多くなってしまうときの条件がわからない					
勉強や仕事をどんな方法でやると効果的かがわからない					
ストレスマネジメント法がわからない					
感情的になったとき、落ち着く方法がわからない					
ケアレスミスを減らす方法がわからない					

感想：

🤖 自己コントロール力（自分の状態に気づいて調整する力）

	①自己チェック	②（　　　　）	ギャップ①−②	③（　　　　）	ギャップ①−③
相手と意見が対立したとき柔軟に言動を変えられない					
状況に合わせて自分の感情を抑えることができない					
仕事の途中で別の仕事を依頼されると混乱する					
必要がある場合も、勉強や課題を中断できない					
課題の内容や相手に応じてやり方を選んだり、変更できない					

感想：

2 苦手なところを工夫して うまくいく条件を探そう

解説とワーク

睡眠がすべてのベース

　みなさんは、睡眠不足で実力が発揮できないと感じたことはありませんか？　睡眠が不足すると、いろいろな脳の機能がうまく働かなくなります。睡眠にはたくさんの役割があります。この本で扱う「神経心理ピラミッド」に関連して、いろいろな研究でわかったことをまとめてみました。

10　自己の気づきと理解
以下のすべての土台ができて
自己理解が深まる

9　論理的思考
よく眠ると知的で合理的な決断と行動が
できるようになる

8　実行機能
短い睡眠の翌日には実行機能が低下する

7　記憶
新しく入ってきた情報を、睡眠中に海馬から大脳皮質に移動する（長期記憶になる）
睡眠をとると記憶の定着は 20 ～ 40％上昇する
寝ることで、運動のスキルも意識しなくてもできるレベルに習熟する

6　コミュニケーション
よく眠ると感情をコントロールできる

5　情報処理
よく眠ると作業能率がアップする

4　注意力・集中力
ほんの少しでも睡眠が足りなくなると、真っ先に影響を受けるのが集中力
6 時間睡眠×10 日間で 24 時間起きていた人と同じレベルにまでパフォーマンスが低下する

3　抑制・意欲
睡眠が不足すると、状況を客観的に見られずついカッとなって不適切な反応をしてしまいがち
一晩ぐっすり眠ると、前頭前皮質と扁桃体のつながりが強くなり抑制ができる

2　神経疲労
たまった疲労を回復させるには、質のよい睡眠をとる以外にはない
たまったストレスが解消できる

睡眠には疲労をとったり、感情をクールダウンさせたりする働きがあります。睡眠不足で疲れていたり、感情を抑制できないと、課題に落ち着いて取り組むことはできません。また、注意力や情報処理能力、記憶力、実行機能（何か課題に取り組む際に使う力）がうまく働かないと、勉強や仕事も上手にできませんよね。コミュニケーションにも支障が出てくるかもしれません。

　ロナルド・ウィルソン博士の、数百組の双子を対象とした幼少期から数十年にわたる追跡調査によると、双子で睡眠時間に差がある場合、10歳になると睡眠時間の長いほうは短いほうに比べ、知性と学業成績がかなり優れているという結果が出ています。同様に他の様々な研究や実験でも、授業中の集中力や記憶の定着度が高くなるといったことが示されています。

　また、睡眠時間が不足したり、夜中によく目が覚めて睡眠の質が悪くなったり、睡眠のリズムが崩れたり、就寝が夜中になったりすると睡眠障害になり、次のようなことが起こりやすくなると言われています。

・朝起きるのが苦手になる

・学校への行き渋りがあらわれる

・日中の機嫌が悪く、午後からもち直す

・休日の睡眠時間が平日より長く、起床時間が90分以上遅くなる

・授業中の居眠りがあり、帰宅後に眠ってしまう

・被害意識が出て友人間のトラブルが多くなる

・ボーッとして無気力である

・成績が低下する

・クラブ活動などでケガをしやすくなる

（『子どもの夜ふかし　脳への脅威』三池輝久、集英社新書）

　慢性的な睡眠不足の状態が長く続くと、多動・不注意・衝動を特徴とするADHDの状態に似てくることもあります。イライラ、うっかり、待てないなどのトラブルがあったとき、熟睡しているかチェックしましょう。すべての活動のベースは睡眠の質と量なのです。

ワーク あなたの睡眠はどうですか?

　必要な睡眠時間は、小学校高学年で8〜9時間、中学生以上で7時間半以上と言われています。ただ、睡眠には個人差があります。あなたに合った睡眠時間やリズムを見つけることが大切です。まずは「睡眠表」をつけてみましょう。

■ 睡眠表

	19	20	21	22	23	24	1	2	3	4	5	6	7	8	9	10	11	12 (時)	朝　食	備　考
●日																			トースト・ヨーグルト	寝ざめが悪い
1日																				
2日																				
3日																				
4日																				
5日																				
6日																				
7日																				
8日																				
9日																				
10日																				
11日																				
12日																				
13日																				
14日																				
15日																				
16日																				
17日																				
18日																				
19日																				
20日																				
21日																				
22日																				
23日																				
24日																				
25日																				
26日																				
27日																				
28日																				
29日																				
30日																				
31日																				

12 覚醒のために大切なこと①
よい睡眠をとるために

あなたは「朝型」でしたか？　「夜型」でしたか？　それとも「中間型」でしたか？　「朝型」の人は、覚醒のピークが午前中で、朝早い時間に能率が上がるタイプの人です。「夜型」の人は夜寝るのが遅く、朝起きるのも遅いタイプです。

夜型の人は、朝早くから集中力を必要とする活動をすることは苦手なことが多いでしょう。脳が睡眠モードにあるために、頭がうまく働かないのです。

アメリカでは、睡眠の重要性を示す研究を受けて始業時間を遅らせる学校が増えて、子どもたちのテストの点数も上昇したそうです。

ただ、学校の開始時間をあなたが決めることはできません。できるだけ睡眠の質を高める工夫をしてみるとよいでしょう。特に、寝はじめの最初の90分〜3時間で深く眠ることが大切だと言われています。

睡眠の質が覚醒の質を決定します。三池輝久先生は、『子どもの夜ふかし　脳への脅威』という本で小学生以上の児童・生徒のよい眠りのために、以下の7のヒントをあげています。

■1 朝7時より前に起きられるように　入眠時間を調整しよう

子どもに早起きを強制してもうまくいかない場合があります。まず、早寝の習慣をつけることがお勧めです。

■2 平日でも小学生は9時間以上、　中学生以上で7時間半〜9時間の　睡眠をとろう

休日の起床時刻が平日より90分以上遅い場合、睡眠不足状態です。平日の寝る時間を早めるようにしましょう。

3 朝昼晩の食事時間は一定にしよう

体内時計のリズムを一定に保つために食事時間を一定にしましょう。特に朝食が大事です。

4 昼間は楽しく活動しよう

日中、楽しく脳と身体をバランスよく使うことが快適な睡眠につながります。

5 ベッドに入ってからの考えごとはやめよう

不安や後悔などストレスはよい睡眠を妨げます。

6 「みんなが夜ふかししているから大丈夫」 という考えは捨てよう

友だちが遅くまで起きていると自分もそうしたいと思うものですが、睡眠時間には個人差があります。自分に合った時間眠るようにしましょう。

7 良眠生活は生涯継続しよう

子どものころの早寝早起きが習慣になっていないと、どこかの時点で生活のリズムが崩れると睡眠障害になることもあります。あなたに合った睡眠時間を見つけたら、継続することが大切です。

13 覚醒のために大切なこと②
姿勢

覚醒と姿勢

　覚醒の向上に大切な条件の1つは、よい姿勢の保持です。しかし、意外と自分の姿勢がどうなっているかは自分ではわからないものです。自己理解の第一歩として、自分の姿勢に注目してみましょう。

　正しい姿勢により胸郭を広げ、横隔膜の動きをよくしてしっかりと呼吸ができると酸素が十分に体内に取り込まれ、覚醒が良くなります。覚醒がよくなると、神経心理ピラミッドの覚醒より上位の認知機能もよくなります。

　さらに、姿勢が安定していることで、手足や目、耳、口といった身体の細かい調整がスムーズになって、読む、書く、聞く、話すなどの日常生活での作業の負荷が減って、ストレスが減り、やる気スイッチも入りやすくなるでしょう。

姿勢保持のメカニズム

　姿勢保持とは、体重の約10%の重さの頭を高い位置で保ち続けることです。意識せずに姿勢を調節、保持するのは意外と難しいものです。

　よい姿勢を保持するには、自分の姿勢がわかるための感覚情報と、それに基づく運動の連携が大切です。感覚では、身体の揺れ動きや傾きを感じる感覚（前庭感覚）や、筋肉の伸び縮みや関節の動きを感じる感覚（固有受容感覚）、全身の皮膚に加わる圧や振動、温度、伸長などを感じる触覚がとても大切な役割を果たしています。

　中には気づいたら姿勢が悪くなっている、姿勢を正すには意識的にやらないとできないという人がいるかもしれません。このタイプの人は、「姿勢を直しなさい」と言われると、それに気を取られ、人の話を聞けなくなることがあります。これは61ページの配分性注意に関係があります。2つ以上のことを並行して行うのが困難なため、姿勢をよくすることと人の話を聞くことを両方きちんとやることが難しいのです。これは気合が足りないとか怠けているのではなく、自動的によい姿勢に戻すことが難しいだけです。気になる場合は、理学療法士や作業療法士に相談しましょう。

　日本理学療法士協会　http://www.japanpt.or.jp/
　日本作業療法士協会　http://www.jaot.or.jp/

ワーク あなたにとってベストな覚醒条件を探しましょう

40ページで睡眠表をつけてみて、睡眠の質と翌日のあなたの体の状態や活動の質との関係に気がついたでしょうか。あなたの能力を最大限発揮するための最初のステップは、「覚醒」なのです。あなたが覚醒する条件を探してみましょう。

①うまく覚醒できないのはどんなとき？
【例】 睡眠不足のとき 疲れがたまったとき 寝る直前までテレビを見ているとき

②うまくいくのはどんなとき？
【例】 睡眠時間が十分とれたとき 起きるために強い刺激があったとき ワクワクする予定があったとき 

自分で努力すること	自分で工夫すること	どんなサポートがあればいいか
【例】 ・早く寝る努力をする 　…ゲームやテレビを寝る1時間前に切り上げる 　…寝る時間を決めそれまでのスケジュールを立てる ・熟睡する環境を整える 　…ライトやテレビをつけたまま寝ない	【例】 ・目覚まし時計を1つ増やす ・目覚まし時計を手の届かないところに置く ・好きな曲がなるようにセットする ・光が入るようにカーテンを開けて寝る ・枕など寝具を工夫する	【例】 ・テストなど大切な日には家族に起こしてもらう ・(同居していない場合は)時間を指定して電話をかけてもらう

①うまく覚醒できないのはどんなとき？

②うまくいくのはどんなとき？

自分で努力すること	自分で工夫すること	どんなサポートがあればいいか

■ 覚醒のための条件探し

	覚醒のための最高の睡眠	覚醒のスイッチ
おすすめのポイント	・肌触りのいい寝具を選ぶ ・カフェインを控える ・午前中に太陽の光を浴びる ・寝る前1時間にスマホやテレビのブルーライトを見ない ・アロマなどを使って眠れる環境をつくる	・聴覚（音楽や目覚まし時計など） ・視覚（テレビをつける、スマホを見る、光を浴びるなど） ・冷たい床を歩く、冷たい水で手を洗う ・カフェインの入ったものを飲む ・シャワーを浴びる、入浴する
人に聞いてみましょう		
自分でやってみたいこと		
結　果		
今後継続してやりたいこと		

14　神経疲労

　あなたは、夕方になると、ぐったり疲れてしまうことはありませんか？　体が動かなくなるくらい疲れたり、何かを考えることができないくらい疲弊していても、周囲の人に気がついてもらえないということはないでしょうか。ときには、「疲れてるんじゃないの？」と人から言われても、自分ではよくわからないという場合もあるかもしれません。

　一方、疲労なんて自分には関係ないという、バイタリティーあふれる方もいるでしょう。でも、例えばあなたが苦手な外国語を学習した後、ネイティブの外国人と会話をするとします。たった20分でも相当疲れると思いませんか？

　失敗してはいけないと思うと、緊張します。日本語の会話でも、大事な面接やコミュニケーションがうまくいかないときなどは、疲れを感じることがあるでしょう。

　つまり、疲労というのは何か激しい運動をした後だけなどではなく、慣れないことをしたり苦手なことをした後にも感じるものなのです。ここでは疲労について学んでいきましょう。

肉体疲労と神経疲労の違い

- 肉体疲労とは体の疲れで、休めば元の状態まで回復することが可能。自分で疲労を感じることができる。
- 神経疲労とは脳の疲れで、休んでもなかなか回復しない。自分で疲労を感じないときもあり、周囲もなかなか気づきにくい。

3つのストレスレベル

アメリカの子どもの発育に関する科学評議会（National Scientific Council on the Developing Child）によると、子どもにとってのストレスレベルは次ページの3つに分けられると言われています。子どもだけではなく、青年期以降もこのストレスの3分類に留意することが重要と思われます。

ストレスの レベル	定　義	サポートの求め方
1　適度な 　　ストレス	成長し、挑戦し、高いレベル の活動をするきっかけになる	自分でできそうならばサポートは断っても OK
2　許容可能な 　　ストレス	比較的短い期間に生じ、抵抗 力をつけることにもなる（大 人の協力が不可欠。子どもは 対処して回復する時間が必要)	部分的にサポートがあったほうがいいので SOS を求めよう
3　有害な 　　ストレス	支援のない状況でストレスが 長期にわたって頻繁にかかる 状況	必要なのにサポートがない状態は成長には つながらないことがある。誰かに悩みを聞 いてもらうだけでもいいので、1人でがん ばらないようにしよう

レベル1　適度なストレス

　「適度なストレス」とは、あなたの今の状態に少し負荷がかかるレベルで、サポートがな
くても1人でできる確率が高い課題です。このレベルの課題をクリアしていくと、あまり負
荷にならずに自分のペースで成長していくことができます。むしろ、このレベルで親や先生
が過干渉だと、あなたのやる気をそぎ、成長のチャンスを逃すかもしれません。特に、あな
たがやりたいこと、興味があることは意欲も高まりやすいので、がんばってみましょう。

レベル2　許容可能なストレス

　このレベルのストレスは周りのちょっとしたサポートがあれば、あなたの能力を高める可
能性がありますが、まったくサポートがない状態で1人でやりなさいと言われると、3の「有
害なストレス」レベルになる可能性がありますので、注意が必要です。
　特に苦手なことであれば、1人で無理してがんばらず、早めにSOSを出しましょう。ちょっ
としたサポートがあれば「自分はできる！」という自信をつけることができます。それが、
やる気スイッチにつながり、苦手意識が少なくなります。人と比較して何かができないと感

じたときにも、それが致命的であると考えないようにしましょう。

　レベル２のストレスは、回復に時間がかかるということを忘れないでください。例えば、英検などで１つの級に合格してすぐに周囲の人が次もがんばれと言っても、しっかり休憩をとらないと、有害なレベル３のストレスに移行することがあります。

　特に環境が変わる新学期などはレベル２になりやすいため、ゴールデンウィークは遊びに行ったりせず、家でゆっくり休むこと。平日がんばりすぎているタイプの人は、週末しっかり休養をとること。このような余暇の使い方が大切です。

レベル3　有害なストレス

　48 ページの表中の「必要なのにサポートがない状態」とは、

❶ SOS を求めても助けてくれる人がいない場合

❷自分１人でできると信じ込んで助けを求めずがんばり続ける場合

❸絶対やらなければならないと思い込んだり、こだわりがあったりして、うまくいく条件を考えることなくやみくもに続ける場合

などがあります。あなたはどれかに当てはまりますか？

　何が自分のストレスやストレッサー（ストレスの原因）になっているのか、あなたが感じている嫌なことは何か、相手に伝えなければわかりません。

　特に神経疲労は自覚がない場合があるので、みんなと同じようにがんばるという過剰適応の状態をつくりやすくなります。疲れたら必ず休憩する習慣をつくりましょう。怠けていると思う必要はありません。休憩することが次のあなたの成功につながるのです。

「嫌な感覚がある」ことを知り、伝えましょう

　嫌なことは人によって違います。あなたがあまりにも我慢しすぎてしまうと、周りの人は
あなたが苦しんでいることに気づけません。テストや部活の試合など、周りからも見えやす
いストレスもありますが、特に気づかれにくいのが「感覚」です。自分で嫌な感覚があるこ
とを知り、相手にあなたが嫌がっている感覚があるということを知ってもらうことが大切な
のです。ジョハリの窓でそのことをさらに理解してみましょう。

　9ページでジョハリの窓を紹介したとき、基本の図として❶❷❸❹の面積は同じに描きま
した。ですが、実際の人間関係では❶❷❸❹の面積はそれぞれ違ってきます。

　例えば、よく話をする友だちや親や先生の場合、図Bのようにあなたのことを相手が知っ
ている❶と❸の面積が大きくなります。逆に、初対面の人の場合、相手はあなたのことをほ
とんど知りませんので、❶と❸の面積はとても小さくなります。

　感覚過敏で困っていることをあなたが具体的に伝えられず、周りの人もあなたが嫌な刺激
で苦しんでいるということを知らない場合、❶の面積が小さい図Aのような状態となります。

　しかし、あなたと周りの人が感覚過敏というキーワードを知り、具体的に周りの人に伝え
られると、「我慢しなさい」というストレスをかける言葉でなく、嫌な刺激を取り除いてく
れるかもしれません。

　このとき、図Bのようにお互いが知っている❶の面積が大きくなりますので、適切なサポー
トをしてくれる可能性が高まります。

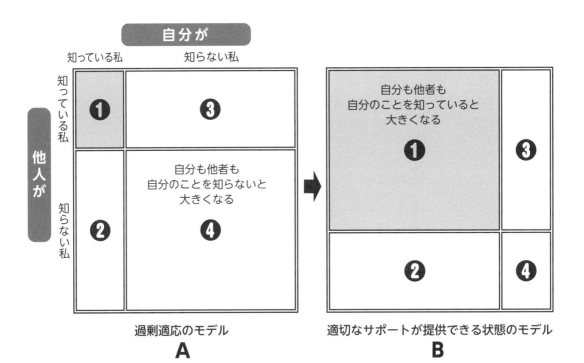

^{過剰適応のモデル　　　　　　　適切なサポートが提供できる状態のモデル}
　　　　　　　　　　　　　　A　　　　　　　　　　　　　　　　B

15 コーピングスキル

　日常生活で疲労をためないためには、ストレスにうまく対処することが必要です。その方法をコーピングといいます。

　まず、呼吸の乱れに気づき、整えましょう。みなさんは、びっくりしたときに呼吸が一瞬止まるとか、不安になったときに呼吸が浅くなることを感じたことはありますか？

　呼吸とストレスは連動していますから、呼吸を整えるということは、大切なストレスマネジメント法の1つです。呼吸は、脳に酸素を送ってカームダウンしたり、冷静な判断をするために大切です。例えば、「4秒吸って6秒吐く」というように、息を吐くほうを長くすると、リラックスモードになるための副交感神経が優位になると考えられています。実は、ため息は幸せになるために大切な働きもしています。次のステップでトライしてみましょう。

❶ 1回深呼吸する

❷ 4秒吸って6秒吐くことを10回繰り返す

❸ 何も考えずに、ただ呼吸しているときの鼻やおなかの感覚を感じながら、5分間、自分のペースで呼吸する

　「何か嫌だなぁ」と思ったときは、呼吸の乱れに早めに気づき、脳がマイナスの感情で充満しないうちに呼吸を整え、平常心をキープしましょう。

　このような、「今この瞬間」に起こっていることに注意を向けて、ありのままの自分に気づいていることをマインドフルネスといいます。

　マインドフルネスには以下のような効果があることがわかっています。あなたもまずは一度やってみませんか？　毎日15分以上続けることが効果的と言われています。いろいろなアプリ（Insight Timer など）もあるので活用してみてください。

マインドフルネスの効果

・ストレスを減らす

・ネガティブな感情を軽減する

・怒りと問題行動を減らす

・不安感を減らす

・うつを軽減する

・集中力が増す

・気持ちを落ち着かせる力がつく

・自尊感情と自分への思いやりが増す

・睡眠の質が向上する

・落ち着いてリラックスできるようになり、自分を受け入れられるようになる　など

（『インスタントヘルプ！　マインドフルネストレーニング』、エイミー・サルツマン、合同出版より　一部改変）

ワーク 呼吸を整えるワーク

まずはマインドフルネスを1日1分から始めて続けてみましょう。
1日15分を目指しましょう。

1週目	2週目	3週目	4週目
分 分	分 分	分 分	分 分
分 分 分	分 分 分	分 分 分	分 分 分
分 分	分 分	分 分	分 分

アドバイス

呼吸に意識を集中すると、前頭前野が活性化し、扁桃体の活性は低下します。前頭前野は82〜83ページで学ぶ実行機能をコントロールする部位で、扁桃体は感情のコントロールに関係がある部位です。さらに呼吸数が減少し、セロトニンが増加し、癒しモードになり、心が落ち着きます。また、セロトニンはメラトニンという睡眠のホルモンに変わりますので、睡眠の質もよくなります。ADHDの人にマインドフルネスが有効であるという研究データもあります。ぜひトライしてみてくださいね。(『マインドフルネス・レクチャー』貝谷久宣ほか、金剛出版参照)

コラム　挨拶するだけでも神経疲労？

みなさんは挨拶なんて簡単と思われるかもしれませんが、挨拶が難しいと思っている人たちもいます。例えば午前10時ごろは「おはようございます」と言えばいいのか「こんにちは」と言えばいいのか、悩んでしまい挨拶ができない人がいます。

ほかにも、先生と廊下ですれ違ったときに、会釈でいいのか、立ち止まって深々とあいさつをしたらいいのかと悩んで、学校に行くのが嫌になったという人もいるくらいなのです。さらに、2人で話しているときは大丈夫だけど、3人になったときにはどのタイミングで話に入ったらいいかわからなくて疲れるという人もいます。みなさんにとって簡単なことでもいろいろ難しく考え込んでしまい、とても疲れてしまうという人もいます。あなたはどうですか？

52

16 抑制・意欲

　抑制とは、何らかの感情や行動を抑え、とどめることです。

　抑制困難な状態には、主に以下の7つがあります。神経疲労があると、抑制はさらに困難になります。以下の7つのことが抑制できないと、神経ピラミッドの3段目以降のことがよりできなくなりますので、いろいろな能力が発揮できない状態になります。

　抑制ができない状態では、コントロールできていないことに気づいていないこともあります。信頼できる支援者にサポートしてもらうことで、コントロールしやすくなるでしょう。

①衝動性

頭に浮かんだことを、間をおくことなくすぐ言ったりやったりすることです。

【対処法】
深呼吸をする、10数える、その場から離れるなど、行為を遅らせる方法を考える

②調整不良

その場に合わせて調整できないことです。例えば、声のボリュームをコントロールできなかったり、早口で話してしまったり、力の加減をコントロールできないなどです。

【対処法】
声のボリュームや話すスピード、力の加減など、まず自分の今の状態を観察して修正する

③我慢できない

難しいこと、退屈なこと、突然の変化や新しい体験など、不快な状況に耐えられないことです。

【対処法】
我慢しなければいけない状態でフラストレーションがたまったとき、自分に起こるサインを早めに知る。支援者にそれを見つけてもらい、自覚してカームダウンする

④イライラ

我慢する力が弱いと、ほんのささいなことでもイライラしがちです。特に刺激が多すぎるとイライラを引き起こし、小さな要因でもそれにとらわれてしまうとイライラが続きます。

【対処法】
自分の気分を変えるために何かプラスのことを考える、散歩や音楽を聞くなど気分がプラスになるようなことをする

⑤怒りの爆発

我慢する力が弱いとフラストレーションがたまり、イライラして怒りの気持ちが大きくなります。コントロールできなくなると、怒りの爆発が起こります。

【対処法】
怒りが爆発する原因であるフラストレーションやイライラに早めに気がつき、カームダウンする

⑥多動

体を動かすエネルギーが多く、じっとしていることができないことです。体を揺らす、部屋を歩きまわる、走り回る、爪を噛むなどがあります。

【対処法】
エネルギーを発散させるように運動をする

⑦飽和状態

感情や刺激や情報が複数あると、その量に圧倒され、何をしてよいかわからなくなる状態です。

【対処法】
選択肢をできるだけ少なくし、刺激や情報を減らす。飽和状態になった思いを人に話して聞いてもらう

怒りは３段階に分けることができます。
❶怒りのきっかけ
❷怒りの爆発
❸カームダウン

　人によって、怒りのきっかけは違います。そして、❶怒りのきっかけがあったとしても、上手に❸カームダウンできると、怒りは小さくなって我慢できますが、風船のように怒りが膨らみ、❷怒りの爆発につながることもあります。

通常、時間がたつにつれて怒りのレベルは下がっていきますが、怒りのレベルも時間もまちまちです。❶から❸のプロセスが10秒で終わることもあれば、数時間から丸1日かかることもあります。

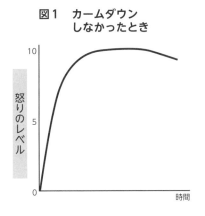

図1　カームダウン
　　　しなかったとき

怒りのレベル

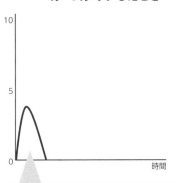

図2　爆発のあと、
　　　カームダウンしたとき

怒りに我を忘れたけど、怒っている自分に気づき深呼吸したら落ち着けた

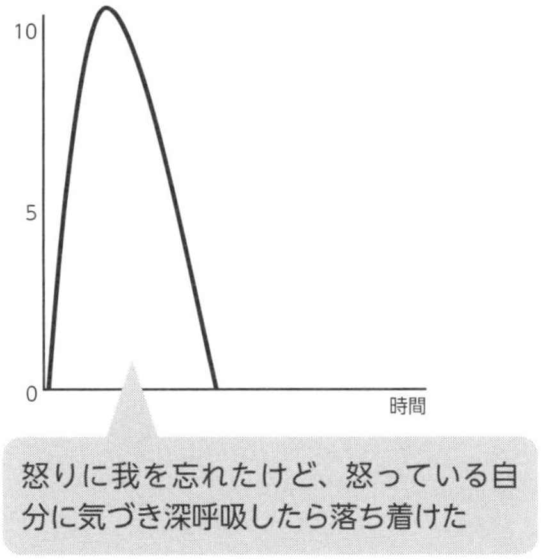

図3　爆発の前、
　　　カームダウンしたとき

その場を離れて深呼吸し、お水を飲んだ

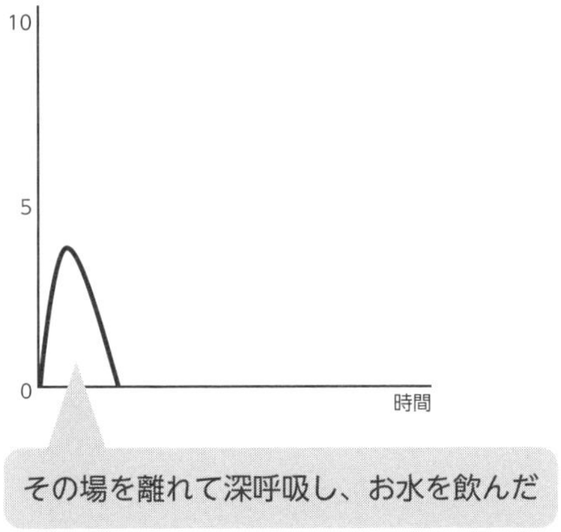

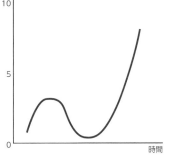

図4　思い出し怒りしてしまった

2つの怒りのコントロール法

怒りのコントロール法は主に2つあります。1つは❶から❷に移行させないようにすることで、もう1つは❷の時間を短くして、早くカームダウンすることです。

図3のようにカームダウンがうまくできれば、怒りは爆発しません。図2のように、爆発しても怒っている自分に早めに気づき、カームダウンすることを思い出せれば怒りが続くことを防ぐことができます。図4のように同じようなことを思い出して後でさらに怒りがわくと、再度怒りの温度があがることもあります。

あなたの怒りのパターンを観察してみましょう。カームダウンが自分でできない場合は、支援者がその人に合ったサポートをしましょう。

カームダウンの例

深呼吸する、数を数える、お水を飲む、その場を離れる、何か好きなことをする（音楽を聴いたり体を動かす）など自分に効果がありそうなものを試してみましょう。

深呼吸する

その場を離れる

ワーク 自分の怒りを観察しよう

あなたの怒りのパターンを観察して、実際に描いてみましょう。
（自分で描けない場合は支援者が観察して記入しましょう。）

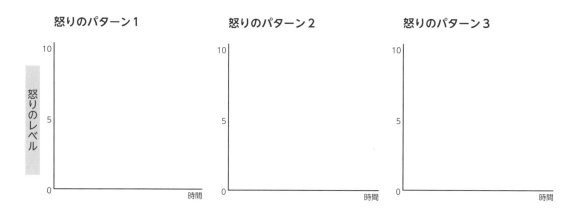

怒りのパターン1　　　　怒りのパターン2　　　　怒りのパターン3

［ワーク］自分の怒りスイッチを探そう

怒りのスイッチが入りやすい人と、入りにくい人がいます。これも特性の1つです。

あなたは自分がどちらのタイプかわかりますか？　怒りはいきなり爆発するような感じがするかもしれませんが、必ず原因があります。きっかけはいろいろですが、怒りの下にはわかってもらいたい本当の気持ちが隠れていることがあります。それを探して伝えることができると、カームダウンできるのです。本当の気持ちを探してみましょう。

イライラポイント❶

イライラすることは なんですか？	イライラの下にある 本当の気持ちは？	対処法
【例】難しい課題が多い	【例】やりたくない 　　　量を減らしてほしい	【例】休憩をとる 　　　自分には難しくて量が 　　　多いことを家族に伝える

イライラポイント❷

嫌な気持ちになる言葉は なんですか？	嫌な気持ちの下にある 本当の気持ちは？	対処法
【例】こんなこともわからない 　　　のか、と先輩に言われた	【例】バカにされた感じで悲し 　　　い気持ち	【例】まず深呼吸する 　　　バカにされて悲しい気 　　　持ちを誰かに伝える

17 やる気スイッチの入れ方

あなたはどんなときにやる気が出ますか？　いろいろな研究でやる気スイッチが入る方法がいくつかわかっています。その方法を紹介しますので、あなたに合っているものには□に✓をつけてみましょう。

□この学習は自分に役立つと考えると意欲が高まる

□自分にはできると思うとやる気が出る

□最もやる気が出るのは、難しすぎずやさしすぎない課題のとき

□がんばってうまくいった経験があると、やる気が出る

□学習の成果は自分次第であると考えると、学習意欲が高まる

□とりあえず学習を始めれば、そのまま続けられる

□大変そうな学習も、小分けにすれば楽になる

□自分で選べるという感覚がやる気を高める

□自分にごほうびがあるとやる気が出る

ワーク タイムラインを考える

　あなたの今の決断が、未来をつくります。その瞬間瞬間が、未来への入り口です。未来のいろいろな状態を考えながら、今の感情や衝動性などをコントロールして、本当にやるべきことをやるスイッチを入れるようにしましょう。

　何かをやる場合、目標の時間などを数値化して、タイマーなどを活用すると、よりやる気になれるでしょう（67ページ、ポモドーロ・テクニック参照）。

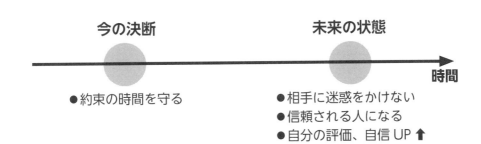

今の決断	未来の状態
【例】やりたくないけど最低1時間、 　　　自分の部屋の整理整頓、そうじをする	**自分のためにいいこと** 【例】気持ちがいい・探しものをしなくていい **相手のためにいいこと** 【例】家族や遊びにくる友だちに不快感を与えない **社会のためにいいこと** 【例】同じものを買って資源を無駄にしない

　あなたが今やろうとしていることを書き出し、未来の"いいこと"をイメージしてからとりくんでみましょう。

とにかく少しだけ始める

　あなたは、大好きなポテトチップスを1枚だけ食べてやめるということができるでしょうか？　とっても難しいですよね。これが何かに依存するメカニズムでもあるのですが、これを応用すれば、立派なやる気スイッチの入れ方になります。

　体もだるいし、やる気もない。そんなときこそタイマーをつけて5分間だけ（もっと短くてもOKです）、何かをやってみませんか？　やるべきことの1％でもOKです。そこで、できた！　という感覚を味わえれば、あと5分、さらに5分と、やる気スイッチが連続して入るでしょう。今の決断があなたの未来をつくりますので、そのちょっとした違いが、将来の大きな違いをつくります。

コラム

ストレスホルモンで傷つく体

　怒りのコントロールは、女性の場合、生理前などは特に難しいときがあります。ホルモンの影響以外にも、寝不足だったり疲れていると、怒りやすくもなりますよね。

　怒りが爆発しているときは、ストレスホルモンが体の臓器を痛めつけることになります。怒りの強い人は心臓病で早死にしやすいというデータも出ていますので、まずは自分を大切にしましょうね。怒りは周囲の怒りのスイッチを入れることにもなりますので、カームダウンの方法をいろいろ見つけていくといいですね。

コラム

　抑制する力がないと、何かに注意を集中することができません。1つのことに長時間集中するためには、それ以外のことをやりたいという思いや行動を抑制する必要があります。つまり、集中するためには、何かを我慢しなければいけないということなのです。次のピラミッドの階層である注意力・集中力を高めるためには、この抑制の力を伸ばす必要があるのです。

18 注意力・集中力

「集中できない」「不注意」と一言で言いますが、実際には4種類のタイプがあります。

❶選択性注意が弱いタイプ

そのときに最も大切なことを選択して、それに注意を向け続けることが難しい

❷転換性注意が弱いタイプ

1つのことに集中しすぎて、注意の切り替えをうまくすることが難しい

❸持続性注意が弱いタイプ

気がそれてしまい、長時間注意を向け続けることが難しい

❹配分性注意が弱いタイプ

2つ以上のことに注意を配分することが難しい

表面的には同じ不注意ですが、原因をしっかり見極めて、自分のタイプに合った対応をするとより集中することが可能になります。

ワーク 4つの注意力に注目！

自分でうまくできないな、と思うことと、その対策を考えてみましょう。

注意力の活用がうまくできていないと思うこと	対　策
❶選択性注意の問題 宿題をしているときにスマホが目に入ると、つい手に取ってゲームをしてしまう	宿題が終わるまで親にスマホを預ける
❷転換性注意の問題 部活で大失敗した後は落ち込んで勉強が手につかない	残念な気持ちを誰かに話したり散歩をして、気分を変える行動をする
❸持続性注意の問題 レポートが80％できたところで疲れてしまい、やめてしまう	タイマーをつけて少し休憩し、その日のうちに終わらせる。あとでやることを忘れないように、目の前にメモを貼っておく
❹配分性注意の問題 文章を書くときに、漢字が思い出せなくて考えていると、書こうと思っていた内容を忘れてしまう	まずひらがなでもいいので、頭に浮かんだものを書いて、あとから漢字にする

注意力の活用がうまくできていないと思うこと	対　策

　自分では気づいていないことがあると思います。周りの人に何か気になることはないか、聞いてみましょう。周囲の人には、わざとやっているのではなく、うまく注意力が活用できていないのだということを理解してもらいましょう。

注意力の活用がうまくできていないと言われること	対　策
①選択性注意の問題 人の話を聞いていない	他のことを考えていることに気づいていないので相手に声がけしてもらう
②転換性注意の問題 名前を呼んでも、何かに集中していると気がつかない	急にやめることが難しいので、前もって予定を共有してタイマーをつける
③持続性注意の問題 掃除中に気がついたらマンガを読んでいる	掃除することに集中できるようにタイマーをつけるか、誰かと一緒に掃除をする
④配分性注意の問題 テレビを見ながら食事をしていて食事の時間が長くなる	食事をすませてからテレビを見る

注意力の活用がうまくできていないと人から言われること	対　策

あなたはどのタイプ？

　大切なのは、注意力をコントロールして、適切に集中するということです。例えば、あなたに声がけする人がいたとします。あなたは3つのパターンのうち、どれが多いですか？

❶ 何かに熱中していて、声をかけられたことに気づかない

❷ 今やっていることを一時的に止めて、もしくはやりながら、声をかけてくれた人に注意を移して話を聞く

❸ 声をかけてくれた人にスムーズに注意を切り替えることはできたけれども、今やっていることを忘れてしまったり、それ以外の音などに注意が分散してしまう

　❶のように100%集中しすぎてしまったり（主に転換性注意の問題）、❸のように気になる刺激によってどんどん注目するものが変わってしまったり（選択性注意の問題）すると、トラブルが多くなるのです。❷ができるように意識していくと、よりスムーズにコミュニケーションができるようになるでしょう。

　日常生活では2つ以上のことを同時にやらなければいけないことがあります。1つだけならできても注意の配分ができないと、以下のようなことで困るでしょう。あなたの場合はどうか、支援者の人と考えてみましょう。

自分で ✓　支援者が ✓

- ☐ ☐ 遊びに夢中になって、周囲の状況がわからない
- ☐ ☐ 作業に熱中していると、先生の指示が入らない
- ☐ ☐ 自分の好きなことを話していると、相手のことを考えることを忘れてしまう
- ☐ ☐ いろいろな作業を同時にこなせない
- ☐ ☐ 歩いているとき、急に飛び出してきたものに気がつかない
- ☐ ☐ 課題や趣味に夢中になって、自分が疲れていることに気がつかない
- ☐ ☐ 1つのことが終わらないと次に進めない
- ☐ ☐ 失敗を引きずって、対応策を考えられない
- ☐ ☐ 課題や趣味に熱中して、周囲のことを考えられない
- ☐ ☐ _____
- ☐ ☐ _____
- ☐ ☐ _____
- ☐ ☐ _____

ワーク 集中が途切れる原因を探そう

　集中力とは、1つのことに注意を向け続けることといえます。61ページの4つの注意力のうち、持続性注意と関係があります。

　集中力を持続できない原因は様々ですが、基本的なメカニズムは、「今すべきこと以外の刺激に気をとられてしまい、今すべきことに戻れない」というものです。

　まず15分間タイマーをつけて何かに集中してみましょう。そのときどんなことが起こるか、まず自分を観察し、自分の集中力の特性を分析して対策を立てましょう。

❶ あなたが15分間集中できるのはどんなときですか？

❷ 15分間集中できなかったとき、気が散った刺激は何でしたか？

　刺激には主に以下の3つがあります。

　あなたは3つのうちどれが多いでしょうか？

A　今やらなければいけないこと以外の、外部の刺激に気がそれる

　　　（例：勉強をしているときに、メールの受信の音がして気がそれた）

B　今やるべきことに関係ある何かに気がそれる

　　　（例：宿題をしながら「さっきの問題はあのやり方で合ってるかな」と気がそれた）

C　今やるべきこととも、外部の刺激とも関係ないことに気がそれる

　　　（例：「今日の夜何を食べようかな」などいろいろなことを考えたり、もしくは電車のことなど自分の興味のあることをずっと考えている）

A 外部の刺激に注意がそれる	**B** やるべきことに関係がある何かに気がそれる	**C** 今やっていることも外部の刺激とも関係ないことを考える

【ワーク】 より集中するための環境

　集中してできる課題と、集中してできない課題があると思います。気がそれるパターンの違いを意識しながら、例えば勉強するときや苦手な作業をやるときなど自分で観察してみましょう。

集中できる条件

【例】周囲がうるさくないとき

```


```

集中できない条件

【例】眠いとき、他にやりたいことがあるとき

```


```

　2つの条件をトータルで考えてみましょう。

【例】●まずしっかり睡眠をとる

　　　●周囲がうるさいときには耳栓をする

　　　●今やるべきことを終了してから、やりたいことをやるというルールを作る

```


```

　片づいていないと注意がそれて作業効率が落ちるので、作業をしている場所の周りはきれいに整頓するようにしましょう。

　作業に関係ないものは見えないところにしまい、机の上には今やっていることに関係するものだけにしましょう。

19 ポモドーロ・テクニックを活用しよう

何かの作業をしているときに、ふと「あっ、そうだ！」「あれはどうなってたっけ？」などと心にわいてきて、そのまま気がそれて、違うことに手をつけてしまうということはありませんか？　この「内的中断」が、集中力が持続しない原因の1つなのです。

この「気がそれて別のことをやってしまう習慣」をなくすことで、集中力が高まります。そこでオススメなのは、タイマーをつけて25分間は1つのことだけやって、他のことは絶対やらない。そして、そのあとの5分間休憩は自分がやりたいことをやったり、25分の作業中にふと浮かんだ内的中断の内容をやる。これを1セット×4回繰り返す集中法です。この方法を「ポモドーロ・テクニック」といいます。

例えば、100分で20ページの問題集を一気にやるのではなく、25分で5ページやることを4回繰り返すサイクルにするということです。目標を4分割するイメージです。このほうが達成感を4倍感じることができるので、やる気は継続しやすくなります。

ポモドーロ・テクニックの基本ルール

①1つのタスクの時間は集中25分＋ブレイク（休憩）5分で1セット

〔25分タスク＋5分ブレイク〕という1セットを、タイマーを使って測ることで、この時間で何ができるかという見積もりもだんだんに正確になってきます。この方法を使うと、25分ごとに達成感が得られ、次のセットのやる気スイッチにつながるでしょう。時々タイマーの表示を見て、タスクに戻る練習をしましょう。締め切りがあることで集中がより高まります。休憩の5分間は、ゲームやインターネットはせずに過ごすほうがよいでしょう。5分で止めるのが難しいことは、最初からやらないことをお勧めします。

②4セットごとに15分〜30分間の少し長めの休憩を取る

脳は集中すると神経疲労状態になります。お水や好きな飲み物を飲んで深呼吸をしたり、ストレッチをしたり、気分転換の散歩をするとよいでしょう。休憩の使い方も集中のために重要なポイントなのです。

③ポモドーロ・テクニックを使うときは、中断をしない努力をする

「あ、そうだ、○○するんだった、今すぐにしないと」。このように頭の中に浮かんでくることは、決めたタスク以外の雑念であれば、浮かんできたことがどれだけやりたいことであってもメモするだけで行動には移さず、決めた25分間のシングルタスクに戻りましょう。
25分＋5分に設定するアプリなどもありますので活用してみてください。

●ポモドーロトラッカー　https://pomodoro-tracker.com/?lang=ja

ワーク ポモドーロ・テクニック

　ポモドーロ・テクニックを使って1つのタスクに集中したことを記録してみましょう。ふと頭に浮かんだことは気が散ったメモに記入し、あとで取り組みます。

　完了したら、スタンプやシールなどを使って、達成感を強化してもいいですね。

	25分タスク	完了！	気が散ったことメモ	5分休憩
1セット目		I ♥ 完了		
2セット目				
3セット目				
4セット目				

休憩（　　　　）分

　4セットごとに、15分〜30分間の少し長めの休憩を取ります。あなたに合った時間、休憩しましょう。これをくり返します。

ポモドーロというのはトマトという意味で、この集中方法を開発したフランチェスコ・シリロさんがトマトの形をしたキッチンタイマーを使って実践したことから、この名前がついています。かわいいタイマーを使ってやる気スイッチを入れるのもいいですね。

　大切なのは、中断したいと思ったときに、「あと○○分がんばる」という力です。私のようにADHDがあると、内的中断は日常茶飯事です。でも、途中で他のことをやってしまうと効率が悪いことを常に思い出して、区切りのあるところまでがんばる習慣をつけるといいですね。

　25分+5分が難しい人もいるかもしれません。時間にこだわらず、とにかくまずはタイマーをつけて一定時間他のことはしない。この練習をしてみましょう。

コラム

4つの注意

　私はADHDと診断されていて、自他共に不注意があると認めています。ADHDと診断された人を支援する立場でもありますが、現場で遭遇するのは、私とは違うタイプの不注意の方です。私は集中したくても集中できなくて気がそれてしまうタイプの不注意です。そうではなく、シングルフォーカス（1点集中）が強くて、それ以外のことがおろそかになってしまうタイプの方もいて、そういうタイプのADHDの方にはASDの併存が多いのです。診断を受けていない方はもちろん、発達障害の診断を受けている方も診断名にこだわらず、4つの注意力のどれが難しいのかを見極め、それぞれに合った対応をしていただくことが、あなたのQOL（生活の質）を高めることになると思います。

次のうち、あなたは❶〜❹のどれに当てはまりますか？　番号に○をつけてください。

1	流れを説明されるとき わかりやすいのは	❶スモールステップで順序よく提示されたとき ❷はじめに全体像が示されたとき ❸どちらでも OK ❹どちらでもない 　➡（　　　　　　　　　　　）のとき
2	情報を 処理するときは	❶系統的論理的に処理をする傾向がある ❷主観的にある関連性を持って処理をする傾向がある ❸どちらでも OK ❹どちらでもない 　➡（　　　　　　　　　　　）する傾向がある
3	新しい英単語を 覚えるときは	❶そのまま１つ１つ覚える ❷文章と一緒に覚える ❸どちらでも OK ❹どちらでもない 　➡（　　　　　　　　　　　）覚える
4	物語を読むときには	❶細かい設定を把握することができる ❷あらすじを簡単に把握することができる ❸どちらでも OK ❹どちらでもない 　➡（　　　　　　　　　　　）を把握することができる
5	説明された内容を	❶細かく正確に記憶することができる ❷大まかに概要を記憶することができる ❸どちらでも OK ❹どちらでもない 　➡記憶しやすいのは（　　　　　　　　　）のとき
6	料理を作るときは	❶正しい手順と材料できっちりその通りにできる ❷手順通りにやるのが苦手で順序を飛ばしたり代用したり適当につくる ❸どちらでも OK ❹どちらでもない 　➡やりやすいのは（　　　　　　　　　）のとき
7	話をするときには	❶順序よく系統立てて話をする ❷直感的に話し、途中で話が飛んだりする ❸どちらでも OK ❹どちらでもない 　➡やりやすいのは（　　　　　　　　　）のとき

情報を頭の中で処理する継次処理と同時処理という2つの方法があります。

❶が多い人は、情報を時系列で一つひとつ順を追って逐次的に、分析的に処理する継次処理タイプです。

…歴史の勉強は時代順に勉強したい

❷が多い人は、情報を関連性を中心にまとめて並列的に、全体的に処理する同時処理タイプです。

…歴史の勉強は興味のあるところから勉強したい

❸が多い人は、継次処理、同時処理どちらもできるタイプです。

❹が多い人は、まだ自分でよくわからない状態のようです。いろいろな方法をトライして、自分にとって効果のある方法をこれから見つけていくといいでしょう。

継次処理と同時処理、どちらの方法でも処理ができる人は、どちらの方法で教えてもらっても勉強を進めることができます。ですが、どちらかに偏っている場合は、あなたの処理方式に合った方法で指示を出してもらったり、教えてもらうと勉強がはかどります。

継次処理の特徴を考慮した指導法	同時処理の特徴を考慮した指導法
段階的な教え方 部分から全体へ、という方向性 順序性の重視 聴覚的、言語的手がかりを重視する 時間的、分析的要因を重視する	全体を踏まえた教え方 全体から部分へ、という方向性 関連性の重視 視覚的、運動的手がかりを重視する 空間的、統合的要因を重視する

キーワード

あなたは文章を書いたり話をするとき、表現したいと思う内容を順序よく、目次のようなものをつくってから始めるでしょうか？　それとも、ブレインストーミングのように、頭に浮かんだものをまずは自由に表現し、後から順序を決めるでしょうか？

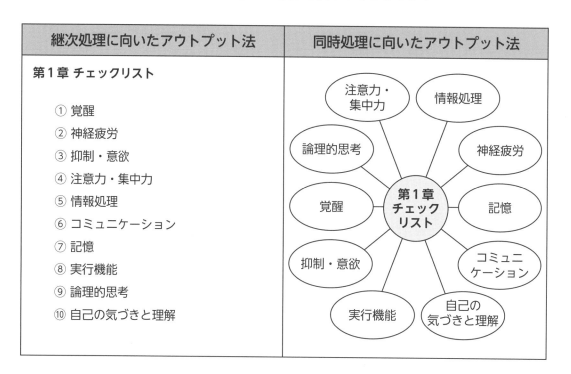

継次処理に向いたアウトプット法	同時処理に向いたアウトプット法
第1章 チェックリスト ① 覚醒 ② 神経疲労 ③ 抑制・意欲 ④ 注意力・集中力 ⑤ 情報処理 ⑥ コミュニケーション ⑦ 記憶 ⑧ 実行機能 ⑨ 論理的思考 ⑩ 自己の気づきと理解	

コラム

継次処理・同時処理

　私は同時処理タイプなので、項目やアイデアがランダムに出てきます。本をつくるという作業は、読者にわかりやすく伝わるように、目次などの形で順番に並び替えることが大切です。編集者に「目次を先につくってください」と言われると頭が真っ白になり、ストレスを感じます。でも、思いついたことを順序に関係なく書き出して、後で順序を考えるととてもスムーズに進められます。また、私が苦手な継次処理が得意な人と組むと、とてもよい本ができると実感しています。

それぞれの学習スタイルに有効な勉強法

　みなさんは外国語を学ぶとき、まず文字を読んだり書いたりするほうが勉強しやすいですか？　それとも音声教材で何回も繰り返し聞いたほうが勉強しやすいでしょうか？　他にも、実際に外国人と会話をし、いろいろな表現を身につけるのがよいという人もいるかもしれません。中には、どんな方法でも学習できる人もいるでしょう。

　実は、人にはそれぞれ情報を収集したり処理するときの優位感覚というものがあると言われています（視覚、聴覚、体得など）。その自分が優位な感覚をメインに使って勉強すると効果的なのです。これも情報処理の1つのパターンです。

　自分の学習スタイルが見つかれば、英語以外の科目でも活用すると、勉強が楽にできるようになるかもしれません。お料理などのお手伝いやアルバイトをするときなども、自分の得意な方法を活用してみましょう。

❶視覚タイプ

　チャートや文字などを見たり読んだりして覚えることが得意なタイプです。教科書をよく読んだり、自分でメモを取ってノート作りをし、それを何回も見直して勉強するとよいでしょう。インターネットなどで調べたものを印刷して読むこともお勧めします。

❷聴覚タイプ

　音声によって情報を覚えることが得意なタイプです。見たり読んだりするよりも、聞くことに焦点を当てた勉強がお勧めです。語呂合わせなどして声に出して暗記することも効果があるでしょう。聞いているだけで新しい曲を口ずさめたり、外国語を覚えたりすることが得意でしょう。繰り返し聞くことでスムーズに勉強できます。

❸体得タイプ

　実際に体験することによって学習が進むタイプです。ずっと座って読んだり聞いたりするより、博物館に行ったり自然観察をするなど、体得して勉強するとよいでしょう。「習うより慣れろ」という言葉がありますが、繰り返し見本の通りにやってみることで、いろいろなことができるようになるでしょう。

学習スタイル：「えでゅけルン」で学習スタイルをチェックしてみよう

　iPhone で Apple Store から「えでゅけルン学習スタイルチェッカー」をダウンロードすることで、ゲーム感覚であなたの優位感覚をチェックできます（アンドロイド未対応）。

　正式な学習スタイルを判定するものではありませんが、まずはトライして周りの人との違いを感じてみてください。15 の質問に答えると、大体の優位感覚の傾向がわかります。

　親子でやってみるのもいいでしょう。親が聴覚タイプだと口頭での指示が多くなり、子どもが視覚タイプだと文章化した指示がほしいと思い、お互いに情報がスムーズにやり取りできず、イライラすることがあります。

　先生との相性もあります。中学生以上になると、教科によって先生が変わるので、自分に合った教授スタイルの先生だと、ぐんと成績が伸びたり、やる気スイッチが入ったりすることがあります。また、親や先生から「この方法で勉強するといいよ」と提案されたときも、あなた自身でチェックしてみて、自分に合っている方法かどうかを確認することが大切です。学習スタイルが違うと、アドバイスされた方法が合わずに非効率になることもあります。

　教え方によって、あまりにも学びに大きな違いが出る場合は、相手に学習スタイルに合った方法で指示を出したり、授業の進め方を考慮してもらえないかお願いしてみましょう。

❶視覚タイプ

　□書面の指示やマニュアルがあるとわかりやすい
　□授業中、ノートやメモを取るのが好きだ
　□文章や図、表など視覚的な情報があると理解しやすい
　など

❷聴覚タイプ

　□知らないことをやるとき、口頭での説明があるほうがよくわかる
　□音読したほうが文章の内容を理解しやすい
　□人から説明を聞くと、パソコンや家電などの操作を覚えやすい
　など

❸体得タイプ

　□説明書を見ないですぐにパソコンや家電などを実際に動かしてみる
　□体験学習など、実際に体を使った学びのほうが好きだ
　□まずは自分で実際にやりながらやり方を覚えるほうだ
　など

コミュニケーション

29 ページのアウトプットのチェックリストで、何か苦手なところがあったでしょうか？

スムーズに話すことができなくても、日常生活で困らなければあまり気にしなくてもいいかもしれません。もし日常生活で困ることがあるようだったら、誰かに助けを求めましょう。

日常生活で困っていること

- ●相手に正確に言いたいことを正確に伝えにくい
- ●友だちにからかわれる
- ●人と話しているとき会話のスピードについていけず、不安になる
- ●大声で話しすぎて、友だちに嫌がられているかもしれない
- ●話したいことが話せなくて悲しくなる

人はみな、完璧ではなく苦手なことがあります。がんばっているのにできないことがあって誰かからからかわれたり、嫌な気持ちになったり、不安になったことがあれば、誰かに話してみましょう。

もし専門家に相談して治したいと思う場合は、親や先生に相談してみましょう。

言葉のことで悩みがある場合は言語聴覚士という資格を持った人に相談するとよいでしょう。

地域の教育センターなどでも紹介してもらえることがあります。

【例】

困っていること	誰に、どのようなことをわかってもらいたいか
スムーズに話ができなくて友だちと普通に話すことが難しい	❶クラスメイトにがんばっているけど話せないことをわかってもらいたい ❷言葉がはっきりしなかったり詰まってしまって話せないときに、笑ったりまねたりしないでほしい ❸先生に自分ではこのことをクラスメイトに言えないので言ってほしい ❹言葉の訓練はつらいので、できればやりたくないことを親にわかってほしい

しっかり聞いていても、相手の話の内容がよくわからなかったということはありますか？相手の言っていることが理解できないと、とてもイライラしたり、不安になったりするものです。

　そのときに、わからなかったということを相手に伝えないと、「返事がない」「無視をして態度が悪い」と勘違いされるかもしれません。これは避けたいですよね。

　恥ずかしくて嫌だなと思うかもしれませんが、わからないことを相手にしっかり伝えましょう。また、次に紹介するようなことも「わからない」と感じる理由の1つかもしれません。

ワーク わかりやすい表現にしましょう

　以下は、わかりにくい指示の典型例です。これをわかりやすい指示に変えたら、スムーズに行動できたという人たちがいます。

　例を参考に、あなたにとってわからない言葉はどんな言葉か、それをどのように伝えてもらいたいか、話し合ってみましょう。

【例】

わかりにくい表現	わかりやすい表現	解　説
早くしなさい	何時何分までに○○をやってね（タイマーをセットしながら）○分間片づけて	人は状況から判断して当然だと思うことは省略しやすい。できるだけ省略しないようにお願いする。
もう少し待ってて	15分間待ってて	「もうちょっと」といったあいまいな表現ではなく、できる限り数値化してもらうようにお願いする。
ここで今そんなことしないで	これから夕食だからリビングルームでゲームしないで	こそあど言葉を使わず、具体的に表現してもらうようにお願いする。
あとでね	給食のあとでね	漠然とした表現ではなく、数値化したり具体的に表現してもらうようにお願いする。
8時にいつものところで集合ね	午前8時に校門の前で集合ね	勘違いしやすい表現は使わず、誤解が生じない言葉を使うようにお願いする。
テーブルをふいてね	テーブルクロスをふいてね	勘違いしやすい言葉は使わず、本当にすべきことを言ってもらうようにお願いする（言われた通りテーブルクロスをめくってテーブルを直接ふいて怒られることがある）。
4日までに提出してください	4日の金曜日までに提出してください	4日（よっか）と8日（ようか）など聞き間違える可能性のある言葉は別の言い方にしてもらうようにお願いする。

あなたがわからないと思う表現を書き出してみましょう		どう言ってもらったらわかるか、あなたがわかる表現に書き換えてみましょう
	➡	

 22 誤解を解こう

　自分が事実だと思っていたことが、実は勘違いだったということはありませんか？

　私たちはコミュニケーションの中で、自分の思い込みで勘違いすることがあります。いくつかのパターンをご紹介しますので、自分の経験をふり返ってみましょう。

【例】

勘違いしやすいこと	誤解を解くためのポイント	確認のための質問
笑われた ＝バカにされた	「笑われた」からといってバカにされたとは限りません。あなたに「笑いかけた」のかもしれません。	本当にそうだろうか？ ほかに笑った理由はないかな？
あの人は嫌な人だ	あの人のすべてが嫌ですか？　インパクトの強い嫌だと思う体験からそう思い込んでいるのかもしれません。	何で嫌だと思うのだろう？ 嫌でないときはないだろうか？
僕には 〇〇ができない	人から繰り返し言われたためにできないと決めつけていることがあります。本当はできることもあったり、やり方や条件を変えるとできるかもしれません。	いつもできないのかな？ 何かを変えればできないかな？
人にSOSを 求めるのは 弱い人のすることだ	自分にとって影響力の大きい人など、誰かが言っていたことがそのまま自分の判断基準になっていることがあります。	何でそう思うんだろう？ 本当に正しいのかな？
私だけいつも 怒られている	「〜だけ」「いつも」「みんな」などよく使われる言い回しですが、そう感じているだけで事実は違うかもしれません。	本当に私だけ？　本当にいつも？

思い込みには3つのパターンがあると言われています。

❶省略：情報の一部を目立たせて、その他多くの情報は無視すること

❷歪曲（わいきょく）：偏ったものの見方によって、事実をゆがめて見ること

❸一般化：全体の中のある一部分や1回の体験で、全体や数回の体験すべてがこうだと思い込むこと

　まず、自分に思い込みがないか、「確認のための質問」のように自分に問いかけ、確認してみましょう。また、相手とのコミュニケーションでもお互い勘違いはないか確認してみましょう。

　勘違いによって不安になったり、怒りがわいてきたり、トラブルの原因になったりします。自分のコミュニケーションパターンを観察してみましょう。

　自分で勘違いだと気づいた体験があれば書いてみましょう。

　いろいろな人に勘違いした体験を聞いて、分析してみましょう。

　今までに親や先生から、「何でそんな大切なことをもっと早く言ってくれなかったの！」と言われたことはありませんか？　質問されていないから言わなかっただけなのに、何でこんなに怒られなきゃいけないのかと逆ギレしそうになったこともあるかもしれませんね。ほかには、話さなければいけない大切なことだとわからなかった、ということもあるかもしれません。「大事なこと」という感覚が、大人たちと違う可能性があるのです。

　コミュニケーションで大切なことは確認です。わからないことは相手に確認することで、案外いろいろなことがスムーズに進むかもしれません。

23 記憶の2つのシステム

　あなたは記憶力がよいほうですか？　それとも記憶することが苦手なほうですか？　ここではまず、記憶のメカニズムを理解してみましょう。もしあなたが苦手だったとしたら、どの部分が弱いのか知ることができれば、何か対策を練ることができるかもしれません。

　また、もちろん神経心理ピラミッドの下位の部分を整えたり、自分に合ったやり方にすることも大切です。特に記憶するためには、あなたが理解しやすい情報処理システムを活用することが有効です。

1 顕在（意識的）記憶システム

1 登録	選別	2 作業記憶（ワーキングメモリ）	予行練習	3 短期記憶	統合	4 長期記憶
情報のごく一部を選択して保持する（1000分の数秒間）	何が重要かを決め、情報を次のステップに渡す	一時的に留めておく（30秒〜数分間）	情報を何度も繰り返す	長期記憶として貯蔵するための記憶（数分〜1日・2日間）	記憶を何かと結びつけ、まとめて学習する	符号化して貯蔵し、検索システムを使って思い出す

2 潜在（自動的）記憶システム

　手続き記憶とも言われ、自転車に乗ったり運動したり料理をしたり、考えなくても自動的にできるようになるための習慣化のシステム。

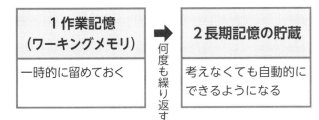

1 作業記憶（ワーキングメモリ）	何度も繰り返す	2 長期記憶の貯蔵
一時的に留めておく		考えなくても自動的にできるようになる

記憶するためのストラテジー

　あなたはどんなやり方をすると記憶しやすいですか？　いろいろな研究でいくつか覚えやすい方法がわかっています。その方法を紹介しますので、あなたに合っているものには番号に○をつけてみましょう。

❶ 意味づけする

❷ （特に自分に）
　 関連づける

❸ 語呂合わせをする

❹ 達成感や楽しさを
　 重視する

❺ 実生活と関連づける

❻ 学んだことを誰かに教える

❼ リマインダーの活用

❽ マーカーで情報を目立た
　 せて集中的に記憶する

❾ 自分でテストしてみる

ワーク 作業記憶（ワーキングメモリ）を鍛えましょう

　ワーキングメモリは、一時的に何かを覚えておくことです。2つの動作を並行してやることでトレーニングができます。短期記憶も長期記憶も、最初のスタートはワーキングメモリです。ゲーム感覚で楽しみながらやってみましょう。

グループワーク例1

❶ 2人以上のグループで1番目の人が何か思いつく言葉（例「今日は」）を言う。

❷ 2番目の人は「今日は」という言葉につなげて、文章の意味が通るように何か言葉（例「東京で」）を言う。

❸ 3番目の人は、「今日は」+「東京で」に続けて、意味が通るように「おまわりさんが」など好きな言葉をつなげていく。

❹ これを文章が終わらないように順番に、言い間違える人が出てくるまで繰り返す。外国語でやることも可能です。

グループワーク例2

❶ 2人以上のグループをつくる

❷ 1番目の人が2回拍手をする。

❸ 2番目の人は前の人のアクション（2回拍手）をしてから、自分のアクションをつける。

❹ それを順序よく繰り返して、間違える人が出てくるまで繰り返す。

　苦手な人は、グループでやるときには自分のところでいつも止まってしまうと辛いので、1人でワークをする、またはアクションを1つずつ増やしていくルールでやってもよいでしょう。

24 実行機能

　実行機能は能率的、社会的、自立的、創造的に行動する上で欠くことのできない機能で、何かをスタートし、集中して最後までやり遂げるときに使う機能です。いろいろなモデルがありますが、ここではレザック博士のモデルを使って、何かを最後まで実行するために重要なものを4項目ピックアップしました。まずは、みなさんががんばっても最後までできない理由を見つけ、どうやったらうまくいくか考えてみましょう。

　実行機能は、
・遅刻しないように行動する
・ゲームやインターネットを時間を決めて楽しむ
・勉強や部活など2つのことを並行して効果的にやる
・計画通りにいかなかったときに途中で修正する
などいろいろなことに使っています。

　下の図は、宿題などが締切日までに提出できないときの原因分析をしたものです。対応方法もまとめてあるので、活用してみましょう。

■実行機能→能率的、社会的、自立的、創造的に行動するための司令システム

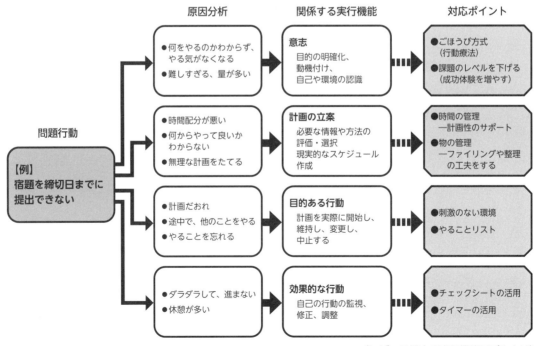

（レザック博士の実行機能モデルより）

ワーク トラブルを分析して工夫しよう

　32、33 ページのチェックリストで苦手なところがあった人は、このワークシートを使って、どうやったら自分で最後までできるか、工夫できることを考えてみましょう。

トラブル	自分で工夫できること	誰かにサポートしてもらうこと
【例】 朝持っていくものが見つからなくて遅刻する	前日に準備をしておく 整理整頓を日ごろからしておく 持ち物チェックリストをつくる	前日の準備を手伝ってもらう 整理整頓を手伝ってもらう 最後に持ち物のチェックをしてもらう

・もし自分ではちょっと難しいかなと思ったときには、誰かの SOS を求めても OK です。ちょっとサポートしてもらうことによって、自分でできる場合もあるかもしれません。

・自分でどう工夫していいかわからなかったり、何を手伝ってもらったらいいかわからない場合は、あなたのことをよく知っている人と一緒にこの表を作るとよいでしょう。

25 継続するためのスキル

行動に移さないと、どんなによいアイデアが浮かんでも残念な結果になってしまいます。また、最初の3日間はうまくいくけれども、その後続かない「三日坊主」になってしまうこともあるでしょう。

継続するために大切な3つのポイント

①目標は見えるところに貼っておく

②家族などに事前にお願いし、やることを忘れていたときにリマインド（思い出すサポート）をしてもらう

③目で見てわかるチェックリストを活用する

21日間継続すると習慣化すると言われていますので、まずはがんばって21日間続けてみましょう。次のページにあるカードをコピーして、実行できたらシールやかわいいハンコを押したりしましょう。マーカーやマスキングテープなどを使って、オリジナルの「I can カード」をつくってもいいですね。

プチ達成感が未来をつくる

第1章で自分の苦手なところと得意なところを客観的に見て確認し、この第2章でよりうまくいくように工夫する方法を考えてきました。それらをしっかりと実践して、少しでもうまくいったことがあれば、がんばった自分に達成感を与えてあげましょう。達成感を感じるとドーパミンという物質が脳に溢れ、幸福感を感じてまたやりたいと思うようになります。プチ達成感があなたの未来をつくります。

無理して長期間続けようと思わずに、「この作業ができた」「○○○をがんばった」という達成感を積み重ね、次の日もがんばろうというプチゴールを持つことが、プチ達成感につながります。

I can カード

【目標の例】

・毎日遅刻しないで学校に行く

・ゲームは1日1時間にする

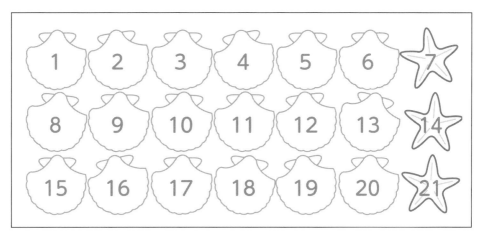

26 論理的思考

論理的思考は、問題を解決するために関係性を理解したり推測したりする力です。これからいくつかワークをご紹介します。

ワーク 問題解決の3段階思考

どうしたらいいかわからない状況に直面し、不安やストレスを感じることはありませんか？ そんなとき、次のような3段階の思考パターンで考えると、「物事が想定内」になり、落ち着いて対処できます。

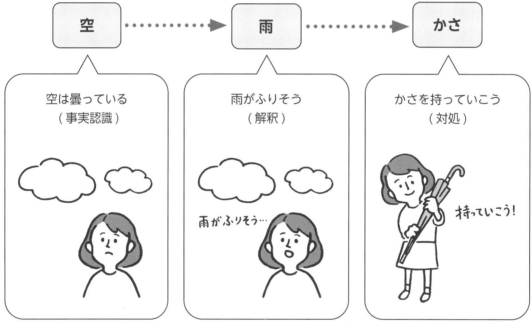

| 空 | → | 雨 | → | かさ |

空は曇っている（事実認識）

雨がふりそう（解釈）

かさを持っていこう（対処）

雨がふりそう…

持っていこう！

＊自分だけで問題を抱えずに、人に助けを求めることも大切です。

ワーク 今の決断があなたの未来を変える

　あなたの過去の決断はあなたの今の状態を決め、あなたの今の決断はあなたの未来の状態を決めるという因果関係を常に考えることが大切です。過去は変わりませんが、あなたの未来はこれからいくらでも変えることができます。過去の失敗から学び、未来の自分がハッピーになるための決断と行動をしていきましょう。

今の決断

買いたいものがあったけど
我慢した

未来の状態 OK

友だちと一緒に
テーマパークに行ける

今の決断

買いたいものがあったので
衝動的に買った

未来の状態 NG

お金がなくて自分だけ
テーマパークに行けなくなる

今の決断

ゲームをやりたいけどやめて寝る

未来の状態 OK

翌朝遅刻せず、
午前中授業に集中できる

今の決断

ゲームをやりたいので
ゲームを午前3時までやる

未来の状態 NG

翌朝遅刻して、授業中うたた寝して
先生に注意された

今の決断

未来の状態

［ワーク］ 失敗は成功のもと

　失敗から学ぶことができれば、うまくいかない条件がわかる貴重な体験になります。失敗すると、気分が落ち込んだり、自分はダメだと自責の念が強くなったりしますが、あなた自身がダメ人間なのではなく、過去の決断がよくなかっただけなのです。その因果関係を常に意識しましょう。

過去の失敗

原　因	結　果
【例】 買いたいものがあったので、衝動的に買った	テーマパークに自分だけ行けなくなった

ベターな方法

別の行動	結　果
【例】 買いたいものがあったけど、我慢した	友だちとテーマパークに行けた

27 因果関係

ステップ1　原因を探る

テストの点を上げたいと思ったとき、なぜ今回満足いく結果が出なかったのか原因を考えることが大切です。

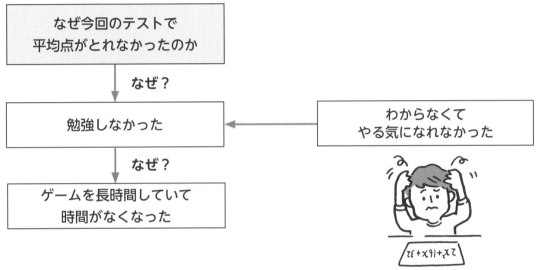

なぜ今回のテストで
平均点がとれなかったのか

なぜ？

勉強しなかった ← わからなくて
やる気になれなかった

なぜ？

ゲームを長時間していて
時間がなくなった

ステップ2　どうやったらできるかを考える

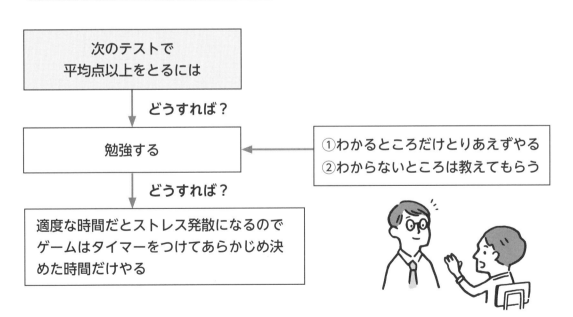

次のテストで
平均点以上をとるには

どうすれば？

勉強する ← ①わかるところだけとりあえずやる
②わからないところは教えてもらう

どうすれば？

適度な時間だとストレス発散になるので
ゲームはタイマーをつけてあらかじめ決
めた時間だけやる

②苦手なところを工夫してうまくいく条件を探そう　89

ワーク 失敗を分析しよう

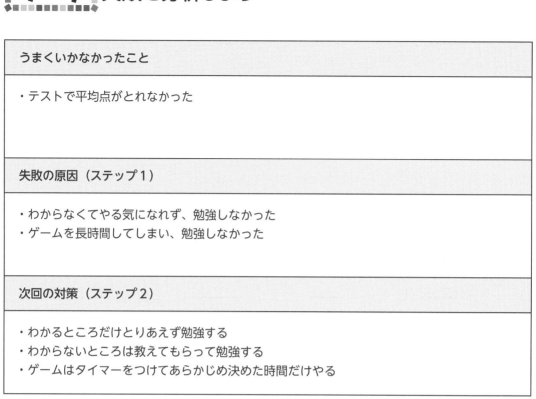

うまくいかなかったこと
・テストで平均点がとれなかった

失敗の原因（ステップ１）
・わからなくてやる気になれず、勉強しなかった ・ゲームを長時間してしまい、勉強しなかった

次回の対策（ステップ２）
・わかるところだけとりあえず勉強する ・わからないところは教えてもらって勉強する ・ゲームはタイマーをつけてあらかじめ決めた時間だけやる

実際の自分の失敗に当てはめて考えてみましょう。

うまくいかなかったこと

失敗の原因（ステップ１）

次回の対策（ステップ２）

自己の気づきと理解

いよいよ神経心理ピラミッドの一番上の階層「自己の気づきと理解」となりました。あなたはがんばっているのに、うまくいかないことがあるかと思います。自分の特徴や失敗のパターンを分析して、どうやったらうまくいくか考えてみる。これこそが、自分が成功するための気づきと理解なのです。

がんばっているのに遅刻してしまうという悩みを持っている人も多いでしょう。ここでは、そのことについて気づきや理解を深めていきましょう。

ギリギリになったほうが気合が入るタイプと、ギリギリで時間がないと焦るタイプの人がいます。前者の場合、ちょっとしたトラブルで集合時間に遅刻することもあるかもしれません。特性に合った方法をとるだけでなく、それがうまくいかない場合の対策も考えておくとベストです。具体的には、遅刻しがちな人はやることリストを明確にして、10分前行動を意識するのがよいでしょう。

時間を守りたいとき、効果的なのは？

❶時間がないと思ったほうが集中できる　　　　　　　　　（はい・いいえ）

❷タイマーを使うと効果的だ　　　　　　　　　　　　　（はい・いいえ）

❸親や支援者にあと何分か、 途中経過を教えてもらうと
　時間通りにできることが多い　　　　　　　　　　　　（はい・いいえ）

❹その他

ワーク 10分前にトライ！

10分前にトライすることを決めて、結果を記入しましょう。

■トライワークシート

やってみようと思うこと	結　果	CHECK	感　想
【例】外出するとき、余裕を持って出る	予定したギリギリになった	□ OK ☑残念	残り何分か、リマインドがあるといいかも
		□ OK □残念	
		□ OK □残念	
		□ OK □残念	

②苦手なところを工夫してうまくいく条件を探そう　**91**

ワーク 受け入れられない理由

　第1章でいろいろなチェックをしました。自分の評価とあなたのことをよく知っている人からの評価の違いをどう思いましたか？

　「自己評価＜他者評価」となった項目の中で、特に受け入れられないと思う項目を書いてください。

```



```

　どういうことが受け入れられないと感じますか？

```



```

　なぜ受け入れられないと感じるのでしょうか。
　理由を思いつくようでしたら書いてみましょう。

```



```

> 　「自己評価＜他者評価」となった項目は自分ではできていないと思っていても、周りの人から見るとそこはできていると思われている部分です。逆に「自己評価＞他者評価」の項目もあるときがあります。同じように分析してみましょう。
> 　まず、評価にギャップにあるという事実を受け入れてみましょう。

29 メタ認知

　メタ認知とは、自分自身の行う認知活動や言動を意識化して、もう1段上から俯瞰的に捉えることです。もう1人の自分が、自分の考えていることや行動を客観的に見るということです。

　ここでは、メタ認知を高める2つの方法をご紹介します。

1. メタ認知を高め、自己理解を深めるために自問自答してみる

自分自身に問いかけることによってメタ認知が高まります。

① 「私は何が得意で、何が不得意だろう？」「〇〇さんはどんな考え方の人だろう？」

② 「文章題で注意したほうがいいことは何だっけ？」「わかりやすく話すにはどうしたらよかったっけ？」

③ 「ミスを防ぐにはどうしたらいいだろう？」「どういう方法で勉強するとテストでいい点がとれるかな？」

④ 「この課題は時間内にできるだろうか？」「相手の話を理解できているだろうか？」

⑤ 「この方法でうまくいかないならどうしたらいいだろう？」「時間が足りないからもうやめたほうがいいだろうか？」など

2. 自分の感情を観察してみる

自分と感情を一体化させずに、分離して観察してみましょう。

一体化している状態

私は怒っている
私は不安だ

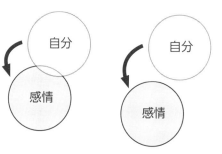

メタ認知を使って分離している状態

私は怒っている　と感じている
私は不安だ　と感じている

ワーク 失敗したときのセルフトーク

　あなたは失敗したとき、自分自身に何と言うでしょうか？　自分自身に語る言葉を「セルフトーク」といいます。このセルフトークは多くの場合無意識で、なかなか気がつかなかったりします。

　無意識に考えていることやセルフトークに気づくことは、まさにメタ認知なのです。セルフトークの質は人生の質を反映しているといえます。セルフトークは以下のようなタイプに分類され、それぞれにメリットとデメリットがあります。

	特　徴	メリット	デメリット
自責タイプ	自分を責める言葉がけ 【例】何でこんなこともできないんだ、なんて自分はバカなんだ	責任感があり自分を中心に原因を考えることができる	自分の言動でなく存在を責めてしまうと意欲がなくなったり自信をなくしたりする
他責タイプ	自分以外の人や仕組みなどを責める言葉がけ 【例】何でこんなこともできないんだ、なんてあいつはバカなんだ	自分を責めすぎないでほかの原因を考えることができる	人のせいにすることで対人関係が悪くなったりする
分析タイプ	どうやったらうまくいくかなと次の成功に向けて因果関係を分析する言葉がけ 【例】今回は○○がダメだった。次回は○○を練習してトライしよう	自分や相手の人格を責めることなく、問題点に注目し客観的に考えられる	相手の気持ちや自分の感情を大事にすることを忘れがちになる
楽観タイプ	失敗したけど次は何とかなるという楽観的な言葉がけ 【例】明日は明日の風が吹く、ドンマイ！	落ち込まず、自責でも他責でもなく回復するきっかけとして有効	気分は上向きでも現実的な検討がおろそかになりやすい

この方法でうまくいかないならどうしよう？

あなたはどのようなセルフトークを自分にかけていますか？　あなたのいろいろなセルフトークはどこに当てはまるか書き込んでみましょう。また、あなたの生活にとってどのようなメリットやデメリットが生じているか、考えてみましょう。

わからなかった人は格言なども参考に、「失敗したときにはこれ」という言葉をキープしておくといいかもしれませんね。メタ認知を働かせてあなたのセルフトークを観察し、ハッピーな未来のためによりよいセルフトークに変えていけるといいですね。

	あなたのセルフトーク	あなたの生活にとってのメリット	あなたの生活にとってのデメリット
自責タイプ			
他責タイプ			
分析タイプ			
楽観タイプ			
その他			

3 応用 解説＆ワークシート

目標や夢を持つということは、とても大切なことです。夢を実現させるためには、まず自分の今の状態を把握し、自分に合ったやり方でいろいろなステップを踏む必要があります。例えば、プロのスポーツ選手になって活躍する場合にはどんなステップがあるか、考えてみましょう。そのとき、ゴールから逆算するという考え方を使ってみましょう。

夢を持つということは、とても素晴らしいことです。具体的な目標をスモールステップでつくって、ぜひ達成したいですね。

あなたの夢は何ですか？　それをかなえるための逆算のワークをやってみましょう。

ワーク 夢をかなえるための逆算シート

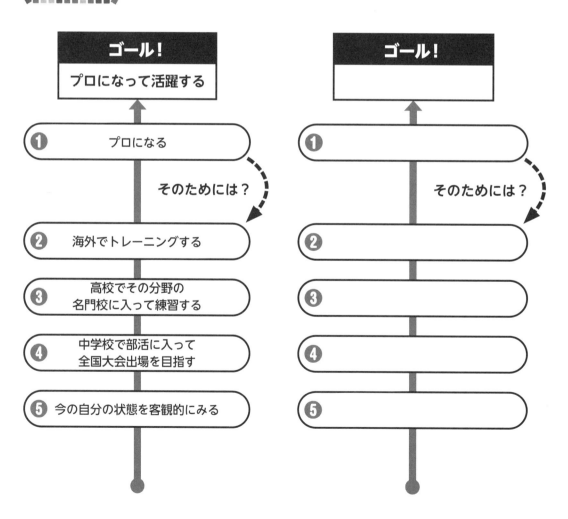

夢をかなえるために、まず大切なのは自己理解です。

神経心理ピラミッドを使って、今の状態から自分のどんな点を強化する必要があるか、チェックしてみましょう。

10 自己の気づきと理解 自分が常にベストのパフォーマンスができる 状態を知っておく。自分の限界も知る

9 論理的思考 よいパフォーマンスができたときとできないときの 分析をする

8 実行機能 効果的な練習メニューの計画を立てて実践する

7 記憶 過去の対戦相手と自分のベストプレーのことを記憶する ベストなパフォーマンスができるように体で覚える

6 コミュニケーション コーチとよくコミュニケーションをとっていろいろなことを学び スキルを磨く

5 情報処理 スポーツ科学を自分に合った学習スタイルで学ぶ

4 注意力・集中力 最高のパフォーマンスができるように集中力を高める

3 抑制・意欲 体調管理のために食べるものを気をつけてコントロールする

2 神経疲労 失敗したときなど素早く切り替えて次のパフォーマンスに備える 休養をとって不安をとる

1 覚醒 覚醒するために熟睡する。成長ホルモンがしっかり出るようによく眠る

10 自己の気づきと理解

9 論理的思考

8 実行機能

7 記憶

6 コミュニケーション

5 情報処理

4 注意力・集中力

3 抑制・意欲

2 神経疲労

1 覚醒

31 折り合いをつける

　21 〜 36 ページでチェックリストをつけて支援者と意見が違ったとき、あなたはどんな気持ちでしたか？　周囲の人と意見ややりたいことが違ったとき、柔軟に視点を変えて上手に折り合いをつける力がとても重要です。

　折り合いをつけるというのは、いろいろなことを調整して、ベストな方法を選んで実行するということです。

　これができると、あなたの人生の質はぐんと高まります。自分以外の人と折り合いをつけるということのほか、自分の中でいくつもやりたいことがあるけれども、折り合いをつけてどれかを選択するということもありますね。ここでは、どんなときに折り合いをつける必要があるか考えてみましょう。

自分の中で折り合いをつける

　①やりたいことがたくさんある中で選択する

　②やりたくないことだけど、やりたいことのためにがんばる

　③怒られたくないから我慢する

　④じっくり納得するまでやりたいけど、時間がないので切り上げる

　⑤全部やりたいけど、他にやることがあるので途中でやめる

　⑥その他（　　　　　　　　　　　　　　　　）

相手と折り合いをつける

　①自分のやりたいことができない、やってはいけないと言われる

　②自分はやりたくないけど、やらなければいけないと言われる

　③やることの意義が感じられないけど、決められたことだから実行する

　④自分は嫌だけど、相手のためにがんばってやる

　⑤自分はやめたくないけど相手のために譲る

　⑥その他（　　　　　　　　　　　　　　　　）

　折り合いをつけるために、どんなことが必要でしょうか？　まずは、世の中には自分の思い通りにいかないことがたくさんあるということを前提にする必要があります。

　その他、折り合いをつけるために必要なことはいくつかあります。神経心理ピラミッドを活用して考えてみましょう。あなたの場合、どこを強化すればよりうまくいく条件が整うでしょうか？

■折り合いをつけるために必要な 10 のステップ

10　自己の気づきと理解
自分は折り合いをつけるのが得意か不得意か、そもそも折り合いをつけることの重要性が理解できているかどうか、1から9の項目をチェックしながら、自己理解を深めましょう

9　論理的思考
折り合いをつけるということは、いろいろなことを分析して、ベストな優先順位をつけるということです。今自分は我慢したほうがいいのか、それともきちんと主張したほうがいいのか。このようなあなたの今の決断が、あなたの未来と周囲の未来を決めるという因果関係をしっかり見極めてから行動することが大切です

8　実行機能
折り合いをつけるときにとても大切なことは、目標を明確にすることや、いろいろな状況を踏まえた上で計画を立てること、微調整をしながら効果的な対応をすることです。そして振り返りです

7　記憶
何かと何かを比較するときには、いろいろなことを記憶しておく必要があります。過去の体験を思い起こす必要もあります

6　コミュニケーション
相手と折り合いをつけるときは特に、話し合いをしてお互いに調整するコミュニケーション力が必要です

5　情報処理
決断を下すためには、正しい情報を収集して処理する必要があります。思い込みはないかチェックが必要ですね

4　注意力・集中力
自分が1番やりたいことだけを考えるのではなく、注意を分散させて、相手の視点や未来のことなどにも注目する必要があります

3　抑制・意欲
やりたいことを抑制して、まず間をおいて考える時間をつくることが大切です

2　神経疲労
不安な気持ちを抑えてストレスを減らすことで冷静に考えることができます

1　覚醒
すべての前提はよく寝ていることでしたね。十分な睡眠をとらないと、あなたの脳を最大限活用することは難しくなります。やりたいことがあっても翌日のためにしっかり睡眠時間を確保しましょう

ワーク 折り合いをつけよう

　あなたにとって折り合いをつけるために大切なことが見えてきたら、下の欄に書き出しましょう。

自分の中での折り合いをつけるときに大切なこと

相手と折り合いをつけるときに大切なこと

＊今までにうまく折り合いがつけられた体験があったら、そのときどうやって調整したかを思い出して、書き出してみましょう。

ワーク ポジティブ・チェンジ

13ページのウォーミングアップ2で、あなたがネガティブだと思っていた性格にはポジティブな側面もあるということがわかりましたね。ただ、ネガティブな性格をポジティブな見方に変えても、イメージが変わっただけで、実際には能力を発揮するというところまでいかない場合があります。そのため、実際に能力に変えるための方法を探し出す必要があります。隠れたあなたの才能を見つけるために、具体的にその条件を探してみましょう。

ネガティブ	ポジティブ	実際に才能に変える条件
落ち着きがない	エネルギッシュ、活動的、パワフル、興味がたくさんある	急ぎすぎてケアレスミスが出る場合があるが、落ち着いてやればうまくできる。落ち着いてやるために、事前に因果関係を考えたり、優先順位を考えておく。 ➡因果関係のワークを活用する
こだわりが強い	マイルール、規則正しい、しっかりもの	こだわること自体は悪いことではない。こだわるもの、こだわる時間・場所をよりコントロールできるようになると、何回も繰り返す力、集中して何かをやる力になるので、今これにこだわることが適切なのか？　を常に考える習慣をつける。 ➡抑制のワークや折り合いをつけるワークを活用する

あなたにはどのような特性がありますか？　同じように、ネガティブだと思っている特性を実際に才能に変える条件を考えてみましょう。

ネガティブ	ポジティブ	実際に才能に変える条件

コラム

抑制できなくてもいいことがある !?

卓球王国の中国で、6歳から9歳の児童に卓球トレーニングと水泳トレーニングをやったところ、卓球をやったグループのほうが抑制機能が高まったそうです（the ScienceChina, LCAS.）。

私は小学校と中学校のとき、卓球をやっていました。ラリーの練習をするときに、よいボールがくるとすぐスマッシュしてしまって、よくコーチに怒られました。あのときがんばってラリーの練習をしていれば、私の抑制機能も高まり、衝動性が抑えられたかもしれません。

結果として、地道にラリーを続ける選手ではなく、すぐにスマッシュを打つ攻撃型の選手として地元の大会でちっちゃなトロフィーをもらったりしました。衝動性を抑えるトレーニングをしなかった成果といえるかもしれません。

［ワーク］うまくいく条件を探しましょう

　今までこの本を使って、いろいろな項目で自己理解を深めてきました。あなたには可能性がたくさんありますが、それを発揮するために、そしてあなたの夢をかなえるために、まず自己理解が大切です。それをまとめていきましょう。

　これまでの内容を確認して、あなたがそれぞれの項目について気づいたことを下のスペースに記入しましょう。

　そして、それがうまくいくときとうまくいかないときを、次のページのそれぞれの項目に記入しましょう。

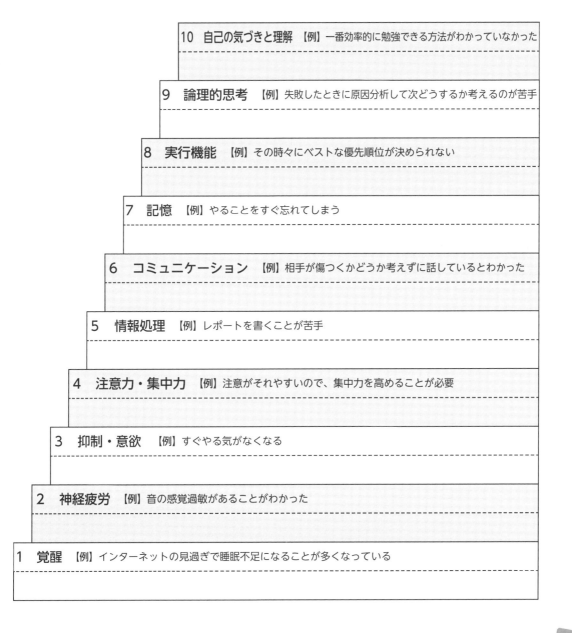

10　自己の気づきと理解　【例】一番効率的に勉強できる方法がわかっていなかった

9　論理的思考　【例】失敗したときに原因分析して次どうするか考えるのが苦手

8　実行機能　【例】その時々にベストな優先順位が決められない

7　記憶　【例】やることをすぐ忘れてしまう

6　コミュニケーション　【例】相手が傷つくかどうか考えずに話しているとわかった

5　情報処理　【例】レポートを書くことが苦手

4　注意力・集中力　【例】注意がそれやすいので、集中力を高めることが必要

3　抑制・意欲　【例】すぐやる気がなくなる

2　神経疲労　【例】音の感覚過敏があることがわかった

1　覚醒　【例】インターネットの見過ぎで睡眠不足になることが多くなっている

	うまくいくとき	うまくいかないとき
10	意識して効果が出ているか見ているとき	焦っているとき、不安があるとき
9	誰かに相談したとき	失敗して落ち込みが激しいとき
8	やることリストをつくったとき	やることが多くて、自分で段取りをくまないといけないとき
7	やることリストを書いて目に見えるところにはってあるとき	メモをとらずがんばって覚えておこうとするとき
6	相手の表情をよく見たり、相手の話をじっくり聞いているとき	自分がたくさん話したいことがあって話すことに夢中になっているとき
5	音声入力で文章を書いたとき	文字量が多いとき
4	机の上が整理整頓されているとき	気がそれやすいものがまわりにあるとき
3	何かご褒美をつくるとやる気になる	長時間かかる課題が出たとき
2	耳栓をすると集中できる	周りがうるさいとダメ
1	親にスマホを渡して使えない時間をつくるといい	特に翌日学校がないときにスマホをずっと見てしまう

32 トラブルを防ぐため上手に SOS を出そう

　今までいろいろなワークをやってきて、自分は何が得意で何が不得意か、そしてどういう条件のときにうまくいくか、自己理解が深まったと思います。大切なことは、それをしっかり周囲の人にも理解してもらうことです。ジョハリの窓のところで説明したように、あなたが相手に伝えない限り、相手はなかなかわかってくれません。まずは自分のことをしっかり相手に伝えましょう。

　1人で無理してがんばると、後になって大きなトラブルになることがあります。また、ピラミッドの下位項目を少しサポートしてもらうことによって、能力がぐんと上がることもあります。

　特に診断名がついている人は、学校などでみんなと一緒によりスムーズに勉強したり学校生活を送れるようにするために SOS を求められる仕組みが、だんだんと日本でも整ってきました。親や支援者と相談して、SOS を求めるお願いシートを作成してみるとよいでしょう（障害のある方は、合理的配慮を希望することができます。127 ページ参照）。そのためにもまず、自分の取扱説明書をつくっておきましょう。

ワーク 困りごとを SOS にしてみよう

　あなたは、いつどういったことで困りますか？　例を参考に、サポーターと一緒に考え記入してみましょう。

【例】

いつ	どこで	どう困る	何を変えればうまくいく？
授業中	学校の教室で	周りの雑談の声がうるさくて集中できない	集中するときは耳栓を使いたい
そうじのとき	学校で	そうじする場所が班ごとに持ち回りで変わるが、具体的に何をやっていいのか混乱する	慣れるまで同じ仕事を担当させてほしい
国語の時間	学校で	本を読むことが難しく理解に時間がかかる	音声テキストを使わせてほしい

いつ	どこで	どう困る	何を変えればうまくいく？

ワーク 自分のトリセツをつくる

　自分のトリセツには、主に2つの活用方法があります。

①自分用のトリセツ：自分の能力が最大限発揮できるために活用するもの
②人に自分を説明するためのトリセツ：人に理解してもらうために、相手に自分のことを
　説明するときに活用するもの

　以下の見本を参考に、今までのワークシートを活用してあなたの能力がアップし、うまく
いく環境を整えるための取扱説明書を作りましょう。

【例】

①得意なところ
対人関係が得意。初対面の人とも気軽に話ができる。いろいろなタイプの人と一緒に何かをつくりあげていくことが得意。
②ネガティブな特性をポジティブに活用するために大切なこと
気が散りやすいという特性は、アイデアが出やすいというポジティブな側面もあるので、アイデアが出たときは忘れないようにメモをする。 ただ大切な仕事をしているときには他のことを考えず、それに集中するよう意識化することが大切。
③周囲の人に知ってほしい苦手なこと
たくさんの指示を口頭で一度に出されると、忘れてしまうことが多い。
④自分で気をつけると能力アップすること
忘れないようにメモをとるようにしているが、その書いたメモがなくなってしまうのでデータ化しておく。 友だちと共有しておく。
⑤少しのサポートで能力アップすること
ものを無意識にぱっとどこかに置いてしまうことがあるので、大切なものは渡さないでほしい。とくに鍵を管理する役割にしないほうが、後で皆さんに迷惑をかけないと思います。

①得意なところ
②ネガティブな特性をポジティブに活用するために大切なこと
③周囲の人に知ってほしい苦手なこと
④自分で気をつけると能力アップすること
⑤少しのサポートで能力アップすること

33 自己紹介にトライ

　大人になるにつれて、自己紹介をする場面が増えてきます。そのときに大切なのは、自分を深く理解して、相手にわかってもらえるように、短い時間で伝えるスキルです。

　自分が得意なことばかり話してしまって後で評価が落ちるということのないように、苦手なことも少し盛り込んでおくといいでしょう。○○ができないという伝え方ではなく、「こういう条件だと、これができる」と伝える。そして、相手に誤解されやすい特性（例えば、何かに集中すると相手の話を聞いていないと誤解されやすいなど）があれば事前に伝えておくといいでしょう。

1分間の自己紹介

　大体350字〜400字くらいで自分の取扱説明書を基本に、自己紹介文をつくってみましょう。

3分間の自己紹介

　大体1050字〜1200字くらいで自分の取扱説明書を基本に、自己紹介文をつくってみましょう。

　トリセツを参考にして、サポートをお願いしましょう。

　基本は、お願いしたいことを一方的に主張するのではなく、穏やかに話し合いをするコミュニケーション力が必要となります。例えば、次のように伝えます。自己紹介に組み入れてもいいでしょう。

❶私は＿＿＿＿＿＿＿＿＿＿＿に困っています	➡	私は周囲の音に困っています
❷それはこういう理由です	➡	それは集中が必要な作業をしているときに集中できず、イライラするからです
❸私はこういう努力をしています。（でもダメなことがあります）	➡	私はできるだけ我慢しようとしていますが、ダメなことが多いです
❹なので、具体的にこういうときに（いつ）	➡	なので、学校で
❺どんな状況で（どこで）	➡	集中が必要なとき
❻周囲にこんなサポートをお願いしたいです（要望）	➡	耳栓を使う許可をもらうか、別室で作業をさせてもらえませんか？

こうした説明をして、うまくいく条件が整うように自分でお願いするスキルが重要なのです。そのためには、４つのことが大切です。

①どんなことが苦手か、これまでのワークも参考にまず理解すること
②嫌なことが起こったときにパニックになったり逃げ出したりしないで、いつ、どこで、どんな状況で、どのように困っているかということを、相手に理解してもらうこと
③その上で、うまくいく条件をフォローしてもらったり、しくみをつくれないか相談する
④すべてのお願いが通るわけではないので、話し合って折り合いをつけること

初めて会う人の前でいきなり自分の気持ちを話すのはハードルが高いので、まずは家族と練習するといいですね。例えば、「この洋服のシルエットが好きだけど、首まわりがチクチクするから着たくない」と親に伝えるところから始めましょう。

具体的に誰かに手伝ってほしいと言えない人もいるかもしれません。そういう場合は、まず困ったことがあったら相談するようにしましょう。相談力をつけることはとても大切です。

あなたは何か困ったことがあったとき、誰に相談しますか？　友だち、学校の先生、家族でしょうか。相談する内容に合わせて変わると思いますが、相談にのってくれる人は探すといるものです。まずわからなかったり困ったことがあったら相談するようにしてみましょう。

自分のことを理解して、じっくり話を聞いてくれる人を家庭以外でも見つけられるといいですね。

私自身に ADHD があるということがわかったのは 30 代になってからです。それまで自己紹介は何回となくやってきましたが、自分がおっちょこちょいであると言うことを自己紹介で最初に入れた事はほとんどありませんでした。そのために、その後不注意の特性があちこちで出てしまい、「第一印象とは随分違う人なのね」とよく言われたものです。

ADHD を知ってからは、いきなり自己紹介で「私は ADHD の当事者です」と言う事はあまりありませんが、「努力してはいるのですがとてもおっちょこちょいでケアレスミスが多いです。ですから大切なものは私には渡さないでください。書類などもコピーを渡していただけるとありがたいです」と言うようにしていました。

「高山恵子のトリセツ」というものを作って、一緒に働く人に渡したこともあります。ありのままの自分と第一印象のギャップを少なくしておいた方が、後でストレスにならないことも体験しました。

特に学生の研修等のときの自己紹介では、障害の有無に関係なく、マイナスのことであったとしても、ありのままの自分の一部を上手に伝えるとよいと思います。

大学生の自己紹介例

自己紹介

　日本社会事業大学の実習生の○○です。大学では社会福祉を学んでいます。障害児（者）支援、家族支援に興味があり、将来は障害者支援のお仕事がしたいと思っています。利用者の気持ちに寄り添い、隣で一緒に一歩ずつ進んでいけるような支援者を目指し、日々勉強に励んでいます。

　私の長所は行動力です。障害児支援に興味を持ち、放課後等デイサービス、障害児入所施設、就労継続支援Ａ型などの障害者支援施設でアルバイトをし、現場での学びを多く重ねてきました。行動力、そしてアルバイトから学んだ" さまざまな知識や技術を、この実習で生かしながら、精一杯頑張りたいと思います。

　最初に、みなさんに知っておいていただきたいことが２つあります。１つ目は、手順などの説明についてです。説明してもらうときは口頭のみではなく文字にしていただくか、実際に見せていただけると理解しやすいです。口頭のみですとイメージがしにくかったり、忘れてしまったりするので、すみませんが、ご協力お願いします。

　２つ目は、考える時間の長さについてです。じっくり考えてから発言したり文章を書いたりするタイプなので、文章を書く時間が長かったり、質問をされてから答えるまでに時間が人よりかかることがあるかもしれません。ご配慮いただけると嬉しいです。でも、基本的に文章を書くことは好きで、得意な方かと思います。よろしくお願い致します。

本人のコメント

　今回自己紹介のワークをやってみて、「自己紹介とは本来こうあるべきだ」と思いました。私が今までしてきた自己紹介は、自分の名前と趣味と「よろしくお願いします」だけ言うような、簡潔なものでした。

　ですが自己紹介とは、初めて会う人に自分について自由に話し、自分を知ってもらえる貴重な機会です。このチャンスを、最大限活用するべきだと思いました。かっこつけずに、自分の特性や苦手なこと、配慮してほしいことなどを正直に話せば、特に実習先であれば職員の方々が自分の苦手なことの対策を事前にしていただけるかもしれないし、職場でも働いていく中で評価が下がっていくようなことも避けられ、最終的に自分にとって働きやすい環境につながっていくと思います。

　今後は好きなことだけでなく自分の苦手なことについてもしっかりと話し、自分のことを知ってもらえるような自己紹介をしていこう、と思いました。

研修先の指導者のコメント

　障害の有無にかかわらず、苦手な事は誰にでもあることです。このようなちょっとしたサポートの希望を最初の自己紹介で出してもらうと、研修現場でのトラブルを減らすことにもなるのでとても良いと思いました。配慮を求める内容を自ら伝える事は、短い研修期間なので、なるべくストレスを受けずに、多くの大切なことを吸収してもらうためにも大切なことだと思います。

　今後多くの研修現場でこのような自己紹介が広まることを期待します。

コラム

ギブ & テイク（お互いさま）

　みんな得意・不得意を持っていて、もともと完璧な人はいません。あなたが得意なことがあったら、それを誰かのために使いましょう。そして、あなたに苦手なことがあったら、闇雲にがんばらず、うまくいく条件を自分で工夫したり、誰かに助けてもらいましょう。1人でがんばりすぎないことがトラブルを防止することにもつながります。ギブ＆テイクという言葉があります。お互いに得意なことで助け合う、そういう環境があるとみんなハッピーになりますね。

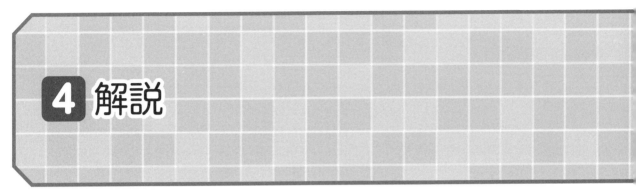

4 解説

1 本人は困っているの？ 困っていないの？

　多くの支援者が「相手のためにと思ってアドバイスや支援をしても、本人が怒って受け入れない」と悩んでいます。また、最近では合理的配慮によっていろいろなサポートを受けることができる環境が整いつつありますが、本人が困っていない、本人が希望していない、SOS を求めないために、周囲はやきもきしつつも、結局問題解決につながらないということがあります。

　つまり、本人に「余計なお世話だ」とか「自分は困っていない」「みんなと違って僕だけ特別なのは嫌だ」などの思いがあれば、周りがいくら言っても逆効果になることもあります。個人のニーズや思いは十人十色です。支援のプロセスは、その人に合った対応をしないとうまくいかないのです。まずは 9 ページで紹介したジョハリの窓を使って支援のイメージをつかんでみましょう。

　例えば、本人の学習スタイルが、視覚型ではなく聴覚型であるという場合の支援を解説します。

■ジョハリの窓による支援

自分が

	知っている私	知らない私
知っている私	❶自分も他人も知っている性質 （開放） 本人も支援者も、視覚的な情報より聴覚的なインプットの方が勉強の効率がいいということを知っている。 支援者か本人が音声教材を使うことを提案して、相手も変えたいと思いやすい。	❸自分は気づいていないが他人は知っている性質 （盲点） 本人が視覚型より聴覚型の勉強法がいいとわかっていないけれども、支援者はわかっている。支援者がそれを考慮して、通常の教科書ではなく音声教材をすすめても、本人がそれを知らないため、人と違う方法はやりたくないと思ってしまうかもしれない。
知らない私	❷他人は知らないが自分は知っている性質 （秘密） 本人は聴覚型の学習スタイルが視覚型よりいいと知っていて、支援者はそれを知らない場合。このとき、本人が主張しないと相手には伝わらない。	❹自分も他人も知らない性質 （未知） 本人にあった学習スタイルが、今やっている視覚中心の学び方ではないと本人も支援者も知らない。勉強の効率が悪いことに気づかず、能力を発揮できていないかもしれない状態。

（※左の縦軸ラベル「他人が」）

❶は本人も支援者も、視覚的な情報より聴覚的な情報のほうが勉強の効率がいいということを知っている状態です。このとき、支援者が音声教材を使うことを提案すると、本人もそうしたいと同意しやすいでしょう。支援はもっともスムーズに進みます。

❷は本人は聴覚型の学習スタイルが視覚型よりいいと知っているが、支援者はそれを知らない場合です。このとき、本人から言ってくれないと、支援者としては気づくことができません。本人の相談力が低い場合がありますので、118ページを参照してください。

❸は本人は視覚型より聴覚型の勉強法がいいとわかっていないけれども、支援者はわかっている場合です。支援者がそれを考慮して、通常の教科書ではなく音声教材をすすめても、本人は人と違う方法はやりたくないと思ってしまうかもしれません。本人の思いを傾聴しながら、自己理解を促すことが有効です。

❹は本人に合った学習スタイルが、今やっている視覚中心の学び方ではないことを本人も支援者も知らないので、勉強の効率が悪いことに気づかず、能力を発揮できていないかもしれない状態です。「自分のことがわかっていないかもしれない」「もっと自分に合ったいいやり方があるかもしれない」という前提でいろいろな情報に触れていくことが大切です。

さらに、支援のためには置かれた状況を正確につかむことが必要です。以下のチャートを使って、まず状況を理解して、支援のプロセスを考えてみましょう。

■本人のニーズと支援の必要度

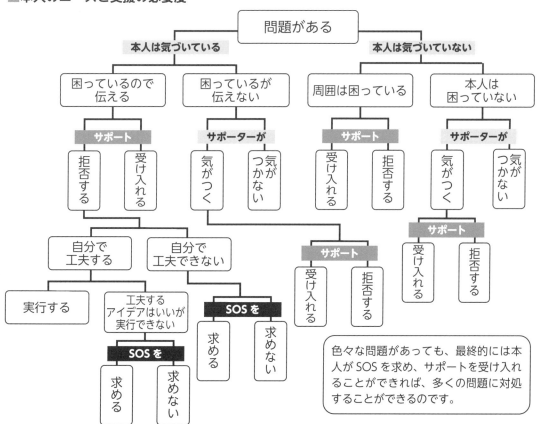

2 相談力が弱い人の特徴

　あなたが支援をしている人は相談ができますか？　できないとしたら、どんな理由がある
でしょうか？

❶困っている自覚がない
❷自分の力だけでできると思っている（しかし、できない可能性が高い）
❸そもそも誰かに相談していいと思っていない
❹相談したくても相談の方法がわからない（いつ、誰に、どのタイミングで助けを求めた
　らいいかわからない）
❺相談したくても相談内容をまとめられない、言語化できない
❻一度相談したときに結果が好ましくなかったので相談したくない（否定された、バカに
　された、からかわれた、結果がうまくいかなかった　など）
❼ダメな自分を見せたくないので相談しない
❽心配をかけたくないので相談しない

　このようなケースが見受けられます。❶〜❽は大きく２つのタイプに分けられます。

１つめのタイプ……本人が困っていたり、相談するべき状況であることを自覚できないタイプ
です。上記の❶と❷が該当するでしょう。この場合は、まずは問題に気づいているか確認して
みましょう。気づくと自分でできるかもしれません。

２つめのタイプ……SOS を求められないタイプです。❸から❽が該当します。この場合は本
人の力だけでなく性格や環境などいろいろな原因が考えられますので、その原因を見極めるこ
とが必要です。

　例えば幼児期に SOS を求めても「我慢しなさい」と言われ続けた経験から我慢するのが
当然になり、過剰適応にいたったケースもありました。
　相談したり助けを求められるようになるためには、まずはどんなことを言われても、評価
しないでじっくり話を聞いてくれる支援者の存在が必要です。その「安全基地」とよぶべき
相談相手は家庭内だけではなく、いろいろなところにいるのが理想です。
　そして「相談してよかった」と思える体験が必要です。失敗したときのマイナスの感情を
話して、受け取ってもらえたと感じるだけでも、不安レベルと神経疲労のレベルが下がります。
すると、神経心理ピラミッドの２段目以降の能力を発揮することができるでしょう。
　それでも本人から相談することが難しい場合は、支援者が本人の課題や、SOS を求めら

れない理由に気づくかどうかが、支援の質に大きく関わってきます。時々、「サポートする準備はできています。後は本人が希望を出してくれないと進めることができません」と言われる支援者の方がいます。これではせっかくの支援システムが活用できません。

また、保護者はいろいろなサポートをしていたけれども、支援者の方に「高校生になったから、大学生になったからお母さんはあまりサポートしないほうがいいです」と言われて急にやめたところ、本人が自己決定、自己責任を求められ、不安になりバランスをくずしてしまうこともあります。

年齢に関係なく、自己理解ができているのかどうか（神経心理ピラミッドのどこが課題で、どんな支援がいつ必要か自分で理解できているか）。その上で、自己決定ができるのか。そして、困ったことがあれば相手に伝えることができるのか。これらのことを細かく確認しながらサポートの方法を変え、徐々に1人でできるように支援しましょう。

特性がある人の場合、このプロセスが長くなる場合があるということを理解しましょう。また、能力にアンバランスがありますので、何か1つのことができるからといってすべてできると思わず、ていねいにサポートすることも大切です。

問題が起こっている自覚がなかったり、SOSを求められない人でも、支援者との関係性がよく、支援者のアドバイスを聞き、実行することができれば、日常生活で困ることは少なくなるでしょう。最終的には「人を信頼できるか」というところに行きつきます。そのためにも、あなたには評価しないでじっくり話を聞いてくれる支援者になっていただきたいと思います。このように、自己の気づきがあまり得意でなくても幸せになる方法はあるのです。

3 合理的配慮は本人の希望が前提

2016年に障害者差別解消法がようやく日本でも施行され、条件が合えば合理的配慮を求めることができるようになりました。

今までの障害者支援は、支援者が一方的に支援の方法を決め、支援するという流れでした。しかし、"Nothing About Us, Without Us（私たちのことを私たち抜きで決めないで）"という有名なフレーズにもあるように、当事者が主体となって必要な配慮を受けられるという合理的配慮の重要性が語られるようになりました。この支援の流れから、以前にもまして特性の自己理解、自己受容、そして合理的配慮を自らお願いすることが基本となりました。

障害者の人権の観点からは大きな意味があり、望ましい流れと言えるのですが、一番の課題は、本人がSOSを求めないと支援がスタートできないということです。本人がSOSを求めるまで何もしないで待っていたら、問題が一向に解決しないということも起こりかねません。

118ページで述べたような相談力の課題をチェックしつつ、支援者が合理的配慮の内容を理解し、本人がそれを求めるスキル（セルフアドボカシースキル）を身につける支援がより

重要になりました。これができるようになることが、自立につながります。危険なのは「自立はすべて1人でやらなければいけないことだ」と勘違いすることです。相談し、支援を求め、周りに助けてもらいながら成長し、自立するというプロセスが大切です。

・合理的配慮の前にナチュラルサポートを求める
・ナチュラルサポートとスペシャルサポートのグラデーションで教えていくことが大切

　第2章で自分の特性について自己理解を深め、第3章で自分の取扱説明書をつくり、助けを求める方法を紹介しました。しかし、これを本人だけでやるのは、最初はとても難しいことです。ぜひ親を含めた支援者の方が子どもと一緒に支援を求めていただきたいと思います。
　大切なことは、最終的には「なるべく1人でSOSを求められるようにする」という目標をもってサポートすることです。

　学校の巡回支援などをしていると、「この子には支援が必要か、必要ないか、診断名によって決める」という話になりがちですが、現場では診断名がつくほどではない「パステルゾーン」と呼ばれる、ちょっと障害の傾向を持っている子の支援こそが必要です。この本でこれまで神経心理ピラミッドを使ってやってきたように、「何ができて、何ができないか」自己理解を深め、得意なところと苦手なところをうまくバランスをとって自分で工夫することが大切です。そして、苦手なところについては、日常生活の困難さによりナチュラルサポートからスペシャルサポートまでグラデーションで考えていくことが大切です。
　どの部分にどんなサポートが必要か、どんなところは本人が自分で考えて決断すべきか、試行錯誤しながら支援を少しずつ減らしていきましょう。

■助けを求めるときの段階

ナチュラルサポート

●周囲の人に少しわかってもらって簡単なことをお願いする
（例：カフェの店員さんに音量を下げてもらうようにお願いする）

●親子で学校の先生にお願いする
（例：宿題の量を調整してもらう）

●検査をしたうえでドクターなど専門家の意見書とともに配慮してほしい内容をまとめて提出し、合理的配慮を求める

スペシャルサポート

まずは家庭でナチュラルサポートが求められるように、親子の信頼関係を深め、環境を整えましょう。親子関係が難しい場合は支援者に依頼することも大切です。

　例えば、家族の会話のときに相手が言っていることがわからなかったら、本人が家族に「それってどういう意味？」と聞けるような雰囲気づくりと促しをします。そのとき、家族は「そんなこともわからないの？」と否定的な言葉は言わず、質問できたことをほめて、わかるように説明しましょう。この積み重ねが、将来的には大学や専門学校、職場などでも正式にサポートを受ける練習になります。

　合理的配慮は、何らかの障害がある人が学校などで勉強や仕事がしやすくなるように配慮してもらうことですが、助けを求めるというスキルは、診断名がついていない方々にとってもトラブルを回避するために大切なスキルです。ぜひ身につけられるようにサポートをお願いします。

4 セルフアドボカシースキルとは

　アメリカではすでに小学校から「セルフアドボカシースキル」という、自分の障害をきちん説明し、一緒に勉強や仕事ができるように合理的配慮を自らお願いするコミュニケーションスキルを学んでいます。

その基本は
　　①私は……に困っています
　　②それはこういう理由です
　　③私はこういう努力をしています。（でもダメなことがあります）
　　④なので、具体的にこういうときに（いつ）
　　⑤どんな状況で（どこで）
　　⑥周囲にこんなサポートをお願いしたいです（要望）

ということを相手がわかるように伝えることです。

　合理的配慮の詳しい内容については127ページで紹介しますが、要請したら必ず実現されるわけではありません。国公立の学校では当事者から希望があった場合は、「できる範囲で」配慮することになっています（私立は努力義務）。

　そのため、権利の主張を一方的にするのではなく、穏やかに話し合いをするコミュニケーション力が必要となります。子どもたちには人にお願いするスキルをぜひ教えてください。どれだけ正確に自己分析して、うまくいくためにサポートしてほしいことが明確にわかったとしても、それを支援者にぞんざいな言葉で伝えたり、やってくれて当たり前という態度で

伝えたりすれば、相手は協力したくなくなります。「本当に困ってるんだな、ぜひできることは協力してあげたいな」と思ってもらえるような伝え方を工夫してみましょう。

相手に理解を求めるときのポイント

①〇〇ができないではなく、「こういう条件だとこれができる」と伝える

「〇〇ができないから何とかしてくれ」と言われると、依頼された側にとっては何をすればいいのか戸惑ってしまいます。ですが、条件を明確にすれば、できるかどうかを検討しやすくなります。

本人にとっても、何かができないことが致命的だと思わずに、工夫すればできるんだという自覚と自信につながります。そして、将来的には職場でも、合理的配慮をしたほうが会社にとってメリットがあるということを交渉する力になります。

②相手に誤解されやすい特性を事前に伝えておく

相手に嫌な奴だと思われてしまうと、心情的になかなか協力してあげようという気にはなってもらえません。ですので、誤解されやすい特性があれば事前に説明しておくとよいでしょう。例えば、過集中タイプは、1つのことに熱中すると周囲の人が指示をしても気づかないことがあります。多くの場合、それは無視されたとか、話を聞いていないなど、誤解される可能性が高いものです。支援者の方々が「この子のこと、誤解していたな」と思う点は、その子の特性を知らない他の人も誤解しやすい特性です。それをしっかり本人が自覚し、トラブルを避けるために説明できるようにサポートしましょう。

③不快感を与えない伝え方が大切

法律的に合理的配慮を主張する権利があるということは事実ですが、その主張が100％受け入れられるのはまだ難しいのが日本の現状です。相談して折り合いをつけていくというような、相手に不快感を与えない伝え方が大切です。特に、相手の気持ちを理解したり置かれている状況をトータルで判断するのが苦手な方には、その点もサポートが必要になるでしょう。

最初から学生が1人で学校などにお願いするのは難しいので、合理的配慮に詳しい支援者の方と一緒に実行するとよいでしょう。最終的には、学校の先生や親がいなくても職場等で合理的配慮をお願いできるようにする力をつけていくことが目標となります。

5 日本式セルフエスティームの高め方

　私たち日本人は欧米人のように大げさにほめるという習慣がなく、実の親にもあまりほめられた経験がないという人もいるでしょう。でも、ほめるだけがセルフエスティームを高める方法ではありません。セルフエスティーム（自尊感情・自己肯定感）は、「自分は大切にされていて生きる価値がある人間なんだ」と肯定的に自分を受け止めることです。私たちの感情や行動様式に合った「日本式セルフエスティームの高め方」を考えましょう。

　大切なポイントは、「不完全な自分を受け入れて好きになること」です。

　これは、発達障害など一般の人と比べて劣等感を持ちやすい特性を持っている人には、特に大切です。何かができることでほめられるというところではなく、うまくいかなかった自分を受け入れ、再度トライするための回復力を育てるように導くことが大切です。それが真のセルフエスティームを高め、過剰適応を減らすことになるのです。

　失敗してもねぎらいの言葉をかけられたり、がんばったプロセスを周囲が認めてくれることによって、本人が自分の人格を否定したりせず、原因分析をして客観的にうまくいかなかった状態を分析することができます。そうすればセルフエスティームは維持され、次の行動へつながるのです。それを表しているのが、図の大きいほうのサイクルです。

■セルフエスティームのサイクル

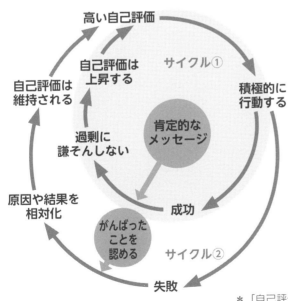

高い自己評価の循環構造

高い自己評価

自己評価は
上昇する　　　サイクル①

自己評価は　　　　　　　　積極的に
維持される　　　　　　　　行動する

　　　　　肯定的な
過剰に　　メッセージ
謙そんしない

原因や結果を
相対化　　　　成功

　　がんばった
　　ことを
　　認める　　サイクル②

失敗

＊「自己評価の心理学―なぜあの人は自分に自信があるのか―」著／アンドレ・クリストフ、ルロール・フランソワ　訳／高野 優（紀伊國屋書店）掲載の図を一部引用・改変

セルフエスティームが高い人のほうが SOS を求めやすいという研究結果もあります。セルフエスティームを高める支援は、人生の質を高める大切なポイントなのです。

失敗したときに、ねぎらいの言葉をかける

失敗したときに、援助の手を差し伸べる

得意なことでお手伝いをしてもらい、感謝を示す

心配事があったりイライラしているときには、評価しないでじっくり話を聞く

参考文献

『ありのままの自分で人生を変える 挫折を生かす心理学』 高山恵子・平田信也【著】本の種出版 (2017)

『イライラしない、怒らない ADHD の人のためのアンガーマネジメント』高山恵子【監修】講談社 (2016)

『子どものよさを引き出し、個性を伸ばす「教室支援」』高山恵子・楢戸ひかる【著】小学館 (2020)

『実践！ストレスマネジメントの心理学』高山恵子・平田信也【著】本の種出版 (2017)

『やる気スイッチを ON！ 実行機能をアップする 37 のワーク』高山恵子【著】合同出版 (2019)

『アスペルガー症候群と感覚敏感性への対処法』ブレンダ・スミス マイルズ／ナンシー・E. ミラー／ルーアン リナー／リサ・A. ロビンズ／キャサリーン・タプスコット クック【著】萩原拓【翻訳】東京書籍 (2004)

『インスタントヘルプ！ 10 代のためのマインドフルネストレーニング：不安と恐れで押しつぶされそうな子どもをヘルプするワーク』今井正司【監修】エイミー・サルツマン【著】，上田勢子【翻訳】合同出版 (2020)

『「継次処理」と「同時処理」学び方の 2 つのタイプ：認知処理スタイルを生かして得意な学び方を身につける』藤田和弘【著】図書文化社 (2019)

『子どもの夜ふかし 脳への脅威』三池輝久【著】集英社 (2014)

『自己評価の心理学—なぜあの人は自分に自信があるのか』クリストフ・アンドレ／フランソワ・ルロール【著】高野優【翻訳】紀伊国屋書店 (2000)

『社会脳ネットワーク入門：社会脳 (デフォールトモード) と認知脳 (ワーキングメモリ) ネットワークの協調と競合』苧阪直行・越野英哉【著】新曜社 (2018)

『睡眠こそ最強の解決策である』マシュー・ウォーカー【著】SB クリエイティブ (2018)

『セルフドリブン・チャイルド 脳科学が教える「子どもにまかせる」育て方』ウィリアム・スティクスラッド／ネッド・ジョンソン【著】依田卓巳【翻訳】NTT 出版 (2019)

『前頭葉機能不全その先の戦略—Rusk 通院プログラムと神経心理ピラミッド』イェフーダ・ベンイーシャイ／立神粧子【著】医学書院 (2010)

『どんな仕事も「25 分 +5 分」で結果が出る ポモドーロ・テクニック入門』フランチェスコ・シリロ【著】斉藤裕一【翻訳】CCC メディアハウス (2019)

『寝ても寝ても疲れがとれない人のためのスッキリした朝に変わる睡眠の本』梶本修身【著】PHP 研究所 (2017)

『脳が若返る最高の睡眠：寝不足は認知症の最大リスク』加藤俊徳【著】小学館 (2019)

『マインドフルネス・レクチャー——禅と臨床科学を通して考える』貝谷久宣・熊野宏昭・玄侑宗久【著】金剛出版 (2018)

『まんがでわかる 発達障害の人のためのお仕事スキル：楽しく働くためのヒント & セルフアドボガシー』鈴木慶太【監修】Kaien【著】合同出版 (2019)

『メタ認知で〈学ぶ力〉を高める：認知心理学が解き明かす効果的学習法』三宮真智子【著】北大路書房 (2018)

ZHANG Jin-song et al. Primary study on executive function in children with Ping-Pong training and swimming training ,the ScienceChina, LCAS. ,2009

https://www.mext.go.jp/b_menu/shingi/chukyo/chukyo3/046/siryo/attach/1311164.htm

https://www.mext.go.jp/b_menu/shingi/chousa/shotou/054_2/shiryo/attach/1283071.htm

https://www.jasso.go.jp/gakusei/tokubetsu_shien/guide_kyouzai/guide/hattatsu_bamen/nyuugaku_shiken.html

付録 合理的配慮とは

●合理的配慮の理念

詳しい情報は、文部科学省のホームページに掲載されていますので、確認してみてください。

https://www.mext.go.jp/b_menu/shingi/chukyo/chukyo3/046/siryo/attach/1311164.htm

（文部科学省ホームページより）

資料3 合理的配慮について

1.障害者の権利に関する条約における「合理的配慮」

（1）障害者の権利に関する条約「第二十四条 教育」においては、教育についての障害者の権利を認め、この権利を差別なしに、かつ、機会の均等を基礎として実現するため、障害者を包容する教育制度（inclusive education system）等を確保することとし、その権利の実現に当たり確保するものの一つとして、「個人に必要とされる合理的配慮が提供されること。」を位置付けている。

（2）同条約「第二条 定義」においては、「合理的配慮」とは、「障害者が他の者と平等にすべての人権及び基本的自由を享有し、又は行使することを確保するための必要かつ適当な変更及び調整であって、特定の場合において必要とされるものであり、かつ、均衡を失した又は過度の負担を課さないものをいう。」と定義されている。

2.「合理的配慮」の提供として考えられる事項

（1）障害のある児童生徒等に対する教育を小・中学校等で行う場合には、「合理的配慮」として以下のことが考えられる。

　（ア）教員、支援員等の確保

　（イ）施設・設備の整備

　（ウ）個別の教育支援計画や個別の指導計画に対応した柔軟な教育課程の編成や教材等の配慮

（2）障害のある児童生徒等に対する教育を小・中学校等で行う場合の「合理的配慮」は、特別支援学校等で行われているものを参考とすると、具体的には別紙2のようなものが考えられる。

（3）「合理的配慮」について条約にいう、「均衡を失した又は過度の負担を課さないもの」についての考慮事項としてどのようなものが考えられるか（例えば、児童生徒一人一人の障害の状態及び教育的ニーズ、学校の状況、地域の状況、体制面、財政面等）。

●高校入試における合理的配慮の例

https://www.mext.go.jp/b_menu/shingi/chousa/shotou/054_2/shiryo/attach/1283071.htm

（文部科学省ホームページより）

資料2 高等学校の入学試験における発達障害のある生徒への配慮の事例

別室受検（自閉症、高機能自閉症、LD、アスペルガー症候群、ADHD 等）

試験時間の延長（LD）

集団面接を個人面接で実施（自閉症）

問題用紙の拡大（LD、広汎性発達障害）

問題文の読み上げ（LD）

監督者による口述筆記（LD）

前日に試験会場の下見（高機能自閉症）

介助者が同席（自閉症）

保護者の別室待機（ADHD）

学力検査問題の漢字のルビ振り（LD）

集団面接の際、誰かが先に行動を見せないと自分ではできない面がある生徒に対し、同じ中学校の受験生と同じグループで受検させた（アスペルガー症候群）

面接の際、質問をわかりやすく伝え、回答を急かさない（LD）

面接の順番を早める（高機能自閉症）

※平成20年に文部科学省が都道府県教育委員会に対し実施した調査による
※（　）は配慮を行った生徒の障害種

●大学入試における合理的配慮の例

https://www.jasso.go.jp/gakusei/tokubetsu_shien/guide_kyouzai/guide/hattatsu_bamen/nyuugaku_shiken.html（独立行政法人日本学生支援機構ホームページ 教職員のための障害学生修学支援ガイド第6章3より）

困難の例

　発達障害がある場合、入学試験で「集団の中で試験が受けられない」「試験中に答えを口に出してしまう」「試験問題を読むのに時間がかかる」「解答を書くのに時間がかかる」「マークシートをうまく塗りつぶせない」などの困難を示す場合があります。

受験上の配慮の例

　ある大学では、受験生の保護者から、「試験中に独り言のように答えを言ってしまうので、別室での受験をお願いしたい」と相談がありました。確認したところ、受験生にはASDの診断があったため、診断書を大学の入試課に提出してもらい、別室受験を許可した例があります。また、別の大学では、「人が多いところでは周囲の目が気になり落ち着いて試験を受けられないので、別室での受験をお願いしたい」という相談に対して、別室受験を許可した例もあります。このような入学試験における別室受験は、発達障害のある受験生に対する一つの配慮として、これまでにも実施してきた大学がありました。

　このような状況に加えて、大学入試センターが実施しているセンター入試（平成27年度入学者選抜試験）では、発達障害のある受験生に対して下記のような受験上の配慮の例が設定されています。

【センター入試における特別措置の事項 】

　すべての科目において配慮する事項（例）

　試験時間の延長（1.3倍）

　チェック解答

　拡大文字問題冊子の配付（一般問題冊子と併用）

　注意事項等の文書による伝達

　別室の設定

　試験室入口までの付添者の同伴

　リスニングにおいて配慮する事項（例）

　1.3倍に延長（連続方式）

　1.3倍に延長（音止め方式）

このような受験上の配慮が認められるためには、受験上の配慮申請書の他に、所定の診断書および状況報告・意見書の提出が必要です。なお、診断書には、診断名の他に、志願者が希望する受験上の配慮が必要な理由および心理・認知検査や行動評定等を記入する欄が設けられています。また、状況報告・意見書には、配慮事項を必要とする理由の他に、高等学校等で行なった配慮の有無を記入する欄が設けられています。受験生に受験上の配慮が認められるためには、審査があります。これらの書類を提出し、審査で許可されることにより、受験上の配慮が受けられることになります。センター試験における受験上の配慮の申請は、（1）出願に先立って申請する方法、（2）出願時に申請する方法の2通りがありますが、審査に時間がかかる場合があるため、大学入試センターはできるだけ出願前に申請することを勧めています。

　また、平成25年度に日本学生支援機構（JASSO）が実施した全国調査の結果をみると、同様の受験上の配慮が、センター試験だけでなく、各大学の入試でも実施されてきています。このような受験上の配慮も、合理的配慮としての対応です。文部科学省による「障がいのある学生の修学支援に関する検討会報告（第一次まとめ）」によれば、入試や単位認定等のための試験では、評価基準の変更や及第点を下げる等は合理的配慮ではなく、障害のある学生の能力・適正等を適切に判定するために、障害のない学生と公平に試験を受けられるよう配慮することが合理的配慮であると指摘しています。

　なお、教員や職員、もしくは相談担当が必要に応じて実施する教育的な配慮や指導、保健センターや学生相談室での相談対応には、必ずしも根拠資料は必要ではありません。

その他の配慮と今後の検討課題

　以上のような受験上の配慮の他に、「試験と試験の間の待ち時間を過ごす場所や昼食をとる場所に悩む」「校内で迷う」といった相談がある場合には、実際の試験教室の下見や、試験日程のシミュレーションを許可することも必要な配慮となります。また、「電車やバスに乗ることができない」という訴えと根拠資料がある場合には、自動車による入構を許可することが必要です。

　また、海外の状況を見ると、以下の配慮が行われています。

（1）小論文作成のため、スペルチェッカー、ワープロ、メモ用紙等の使用
（2）間違いをチェックするために、試験官が書かれた内容を読み上げる
（3）試験官がマークシート用紙に答えを書き写す
（4）口頭による回答を認め、それを筆記する代筆者を利用する

　日本においても、例としては多くありませんが、書字に障害があると認定されて、「パソコンによる回答」が認められた例もあります。これらの合理的配慮について、本人や保護者からの申し出があった場合には、配慮の必要性や合理性について慎重に検討し、適切であると認められるなら配慮を提供することが求められます。

●大学入試センター試験（共通テスト）の合理的配慮申請書類
https://www.dnc.ac.jp/sp/center/shiken_jouhou/hairyo.html
（独立行政法人大学入試センターホームページ）

　上記のサイトよりダウンロードできます。
　高校入試の場合は都道府県によって違いがあるのでそれぞれ確認してください。大学入試の場合は私立の高等学校同様、個々の学校で異なるのでそれぞれ確認してください。

あとがき

　2019年に10年以上ずっと出したいと思っていた実行機能の本を、いろいろな方のご協力をいただき出版することができました（『やる気スイッチをON！　実行機能をアップする37のワーク』）。発達障害の人の課題である実行機能障害に関する具体的なワークシートは、おかげさまで大変好評でした。今回、続編として自己理解を深めるためのワークブックを作ることにしました。

　私はADHDの当事者でもあり、現場で長年、臨床心理士として発達障害のある方やそのご家族、支援者の方々をサポートしてきました。そこで学んだ支援にもっとも重要なことは、支援者が「自分は少し努力するだけで簡単にできることが、簡単にできない人もいる」と認識することだと思います。「なんでできないの？」と相手を責めるのではなく、なぜできないのかを見つけ、できないことを受容し、うまくいく方法を一緒に考えてほしいのです。

　特に脳機能にアンバランスのある人は、人が簡単にできることであっても、相当な努力をしないとできない（もしくは努力をしてもできない）ことがあります。同じ診断名や特性でも、人によって得意なこと・苦手なことはかなり違います。「この子にとってそれは何か」ということをまず理解することが、効果的支援につながります。

　そのため、今回の本では特にチェックリストを充実させました。この子はどこができていないのか、なぜできないのかをチェックリストでまず見つけていただきたいと思います。

支援者は完璧じゃなくてもいい？

　人はみな、不完全です。長時間、完璧にできるようにとがんばるのは難しく、ライフステージを通じて、いつでもどこでもそれをやろうとするのはとてもストレスフルです。

　支援者も親も完璧ではありません。ミスをするし、苦手なところもある。それをきちんと自己開示して、ミスをしたとき、すぐに謝る。そして助けてもらうその姿を子どもに見せることこそ、子どもたちが生きるために大切なスキルを身につけることになると思います。

　ある作業指導で、あまり自分からは話さない子どもがいたのですが、一度作業手順を聞くと忘れず、ワーキングメモリの悪い私があるプロセスを忘れていたら、「先生、〇〇を忘れてます」と教えてくれました。

　「教えてくれてありがとう。〇〇君がいると助かる、また忘れたらお願いね」と、心から感謝しました。それからその子は自信を持つようになり、話すのに時間はかかるけど、初対面のときよりはずっとしゃべる時間が長くなりました。このように支援者が完璧じゃないと相手のセルフエスティームを高められるチャンスは多くなるようです。自分のダメなところをカバーしてもらい、相手は人を助けることで自信を持ってやる気スイッチを入れていく、こんな関係ができると、お互いとても幸せな時間を過ごすことができます。

　しかし、世の中は逆で、支援者や親はミスをしてはいけない、子どもの前では完璧でなけ

ればいけないと、がんばりすぎていないでしょうか？

　「自分が今できることで、人を助けることができた」。この体験こそが、すべての人に重要だと思います。本人にとってみれば、得意なことは簡単にできてしまうので、それが得意だとわからないこともあるでしょう。だから、自分が人のために何かして感謝されるその体験、また、それに対する感謝の言葉や肯定的な言葉がけが重要だと思います。これは子どもだけでなく、成人も同様です。

　苦手なところのトレーニングは辛いものです。ぜひよいところを伸ばし、人の２倍以上、その得意なところで人のために何かをし、苦手なところは１人でがんばらずに手伝ってもらう。そんなギブ＆テイクの関係が日本中に広がることを期待しています。

　発達障害があっても、高次脳機能障害があっても、軽度認知障害があっても、幸せになることは可能です。大切なのはできないことを受け入れ、自分なりの人生をどう楽しんでいくかということなのだと思います。

　そのために、人生は思い通りにならないことを早めに知って、自分を理解し、自分に合った生き方を探すのが幸せへの道だと思います。

　〈自覚し、理解し、受容する。工夫し、SOS を求め、真のセルフエスティームを高める〉
　これを、この本とともに進めて、１人でも多くの方にとってハッピーな時間が長くなることを心から祈っています。

　神経心理ピラミッドのモデルは下位項目から整えていく必要があると考えられていますが、相互作用があり、いろいろな認知機能を総動員することが日常生活では求められます。
　ですから、１つ１つの項目のトレーニングで終わらずに、毎日応用問題として何か条件が変わったときにも柔軟に対応するという総合力をつけていきましょう。
　ということを提案させていただいている私自身は、いろいろな認知機能に障害があり、本の内容のアイディアは次から次に浮かぶのですが、１冊の本を作るということは、１人ではとてもできません。編集者である齊藤暁子さんを始め合同出版のスタッフの方々に色々とサポートをしていただいてやっと完成しました。心から感謝いたします。
　何かができるようになる喜びも大切ですが、何かができなくても人生の質がキープできるというところに喜びが感じられる社会になってほしいと思います。「うまくいかなくても大丈夫」というスタンスで、自己理解・他者理解を深めて、QOL を高めていただければと思います。

2020 年夏　高山恵子

【著者紹介】

高山恵子 (たかやま・けいこ)

NPO 法人えじそんくらぶ代表、ハーティック研究所所長。昭和大学薬学部兼任講師、特別支援教育士スーパーヴァイザー。
昭和大学薬学部卒業後、約 10 年間学習塾を経営。
1997 年、アメリカ・トリニティ大学大学院教育学修士課程修了（幼児・児童教育、特殊教育専攻）。
1998 年、同大学院ガイダンスカウンセリング修士課程修了。専門は ADHD 等高機能発達障害のある人のカウンセリングと教育を中心にストレスマネジメント講座などにも力を入れている。主な著書に、『ライブ講義高山恵子 I 特性とともに幸せに生きる』（岩崎学術出版社、2018）、『イライラしない、怒らない ADHD の人のためのアンガーマネジメント』（講談社、2016）、『やる気スイッチを ON！ 実行機能をアップする 37 のワーク』（合同出版、2019）、『2E 得意なこと苦手なことが極端なきみへ』（合同出版、2021）、『発達障害・愛着障害・小児期逆境体験（ACE）のある親子支援ガイド』（合同出版、2024）などがある。

イラスト 北原健太
組版 Shima.
装幀 小口翔平＋加瀬梓 (tobufune)

自己理解力をアップ！
自分のよさを引き出す 33 のワーク

2020 年 9 月 30 日 第 1 刷発行
2024 年 5 月 30 日 第 3 刷発行

著 者 高山恵子
発行者 坂上美樹
発行所 合同出版株式会社
　　　　東京都小金井市関野町 1-6-10
　　　　郵便番号 184-0001
　　　　電話 042 (401) 2930
　　　　振替 00180-9-65422
　　　　ホームページ https://www.godo-shuppan.co.jp/
印刷・製本 株式会社シナノ